성공의 약속

성공의 약속

들꽃누리

Prologue

책 속에 우리를 성공적인 삶을 살 수 있도록 안내해 주는 길잡이가 있다는 사실과 성공에 이르는 길은 쉽지 않고 성공하려면 그에 대한 대가를 엄청나게 치러야 한다는 진리를 오늘도 굳게 믿으며 이 글을 쓴다.

 우리는 매일 비슷하게 반복되는 듯한 삶을 살아가고 있다. 아침에 일어나 학교에 가거나 직장에 출근하는 것이 그것인데, 이처럼 우리가 날마다 반복하는 습관 중에는 좋은 것도 있고 그렇지 않은 것도 있다. 이를테면 성공한, 즉 건강한 사람들은 좋은 습관을 지니고 있다. 반면 실패한 사람들은 나쁜 습관에 길들여져 있으면서 늘 시간이 없다고 투덜거린다. 하지만 실패한 사람들의 일상적인 삶을 들여다보면 아주 많은 시간을 낭비하고 있음을 알 수 있다.

그리고 자기계발이라 하면 흔히 백만장자나 큰 위인이 되기 위하여 노력하는 것으로 생각하기 쉽다. 하지만 자기계발의 시작은 건강을 기본으로 이루어져야 한다. 몸이 건강하지 못하면 억만금이 있다 한들 아무런 의미가 없기 때문이다. 그런 탓에 진정한 의미의 성공과 행복은 건강이 뒷받침되고 나서야 가능하다. 또한 자기계발은 자기 자신에게만 한정된다고 생각하기 쉽다. 그런데 놀랍게도 자신의 생활 모습, 즉 선행·덕행·악행·부지런함·게으름 등이 그대로 자녀에게 전달된다. 따라서 자녀의 건강이나 출세, 성공 여부는 부모에게 달려 있다 해도 과언이 아니다.

그래서 성공한 사람들의 유형을 분석한 결과 크게 두 가지로 나타났다. 하나는 태어날 때부터 수재로 태어나 열심히 노력하여 천재가 된 사람들이다. 다른 하나는 부모로부터 엄청난 에너지를 받고 태어나 불굴의 의지로 한 분야에 6만 시간 이상을 투자하여 위대한 업적을 남긴 사람이 그들이다. 이들에게서 공통점을 찾을 수 있는데, 어려서부터 책벌레였다는 것과 수많은 역경을 견뎌내며 꿈을 향해 한발 한발 나아가는 인내력이 있었다는 것이다. 그리고 이들 뒤에는 헌신적인 부모가 있었다는 것이다. 하지만 이 모든 것보다 중요한 것은 그들은 건강한 생활 습관을 갖고 있었다는 점이다. 요컨대 행복한 사람, 건강한 사람, 백만장자 등의 성공한 사람과 실패한 사람의 차이는 학력과 지능지수보다는 건강한 생활 습관에 있다. 따라서 건강하면서 삶의 질을 높이고 성공적인 삶을 살고자 할 때 유일한 방법은 자신의 잘못된 생활 습관을 바꾸는 데에 있다. 그러면 운명도 분명 바뀐다. 말하자면 성공이란 자신의 노력과 의지로 얼마든지 가능하다고 할 수 있다.

어둠이 짙어질수록 새벽이 가까워진다는 말처럼 실패를 많이 할수록 성공에 더욱 가까워진다. 인생의 가장 큰 패배는 실패가 두려워 아무것도 하지 않는 것이다.

아무쪼록 깊이 없고 보잘것없는 글이지만 이 책을 통해 독자 여러분이 성공으로 다가가는 자신의 삶에 작은 보탬이 되고, 필자 이상으로 삶에 대한 지혜를 발견했으면 하는 바람을 가져본다.

2008년 12월
서재에 기대어서

CONTENTS

Prologue — 5

 성공을 기원하는 이들에게 ·· 13
최고의 멘토가 되려면 뚝심을 부려라 — 15
당신 안에 감춰진 원석을 찾아라 — 19
꿈을 가치 있는 보석으로 만들어라 — 24
자신만의 기막힌 기본기를 갖춰라 — 33
비버처럼 계획하고 코뿔소처럼 실행하라 — 41
인내는 쓰지만 열매는 달콤하다 — 46
성공이란 단어는 단순하다 — 52
정직함의 이치를 아버지로부터 배웠다 — 58

천천히 그리고 한결같이 하라 — 64

성공을 향해 부는 바람은 긍정적이다 — 69

삶의 동반자, 선진국형 여가활동 — 73

일기는 생활의 예금통장이다 — 79

인생은 당신이 생각하는 방향을 따른다 — 88

일찍 시작하는 사람이 되라 — 93

삶의 30퍼센트가 선사하는 기적 활용하기 — 100

텔레비전을 끄면 성공의 불이 켜진다 — 105

삶의 탄탄대로 건너는 법 — 111

일찍 일어나면 50퍼센트의 성공은 이룬 것이다 — 119

대가大家의 SR 전략 — 123

소식素食의 혁명 — 129

건강을 위한 운동, 성공에 양보하라 — 136

웃어라, 삶의 이력서가 바뀐다 — 146

당신의 감성지수가 성공을 결정한다 — 152

거북이식 인생 성공법 — 157

인생 3막을 위한 준비를 미리 하라 — 160

삶에 숨겨진 배려와 나눔의 비밀 — 169

훌륭한 프리젠터가 되어라 — 176

지혜로운 배우자 선택의 비결 — 183

 **자녀를 큰 사람으로 키우는 부모의 지혜** 191

자녀 성공의 80퍼센트는 부모의 관심이 좌우한다 — 193

자녀의 멘토가 되어라 — 199

자녀교육의 첫 번째는 인성교육 — 204

자녀를 큰 사람으로 키우는 법 — 208

자라나는 생명의 장점을 발견하라 — 212

사랑에는 돈이 들지 않는다. 관용으로 대하라 — 216

축적된 세월만이 성공의 바늘을 돌린다 — 219

PART 3 건강 비결 225

오늘의 습관은 내일을 비추는 거울 — 227

미친 세상에서 깨어나라 — 230

당신을 빛나게 할 새로움에 도전하라 — 234

불가능은 노력하지 않는 자의 색안경이다 — 237

Epilogue — 241

PART 1

성공을 기원하는 이들에게

최고의 멘토가 되려면 뚝심을 부려라

요즈음은 10년이면 강산이 변한다는 것도 옛말로 만들어 버리는 시대이다. 화살같이 흘러간다는 말이 무색할 정도로 세상은 시간에 앞서 변화하고 복잡하게 얽힌 변수들이 모여 새로운 오늘을 만들고 있다. 이렇게 변화무쌍한 시간 속에서 오직 인간만이 변화를 인식하고 미래가 어떻게 바뀔 것인지를 궁금해하며 탐구하는 것이다.

인간에게는 상황을 인지하고 적응하려는 본능이 있는데, 이것이 밖으로 표출되어 성공하려는 욕구로 나타난다. 즉 급류처럼 휘몰아치는 시대의 물줄기 속에서 미래 정세를 효과적으로 읽어내고, 그런 가운데 견고히 설 수 있는 사람이 되려는 것이 현대인의 일반적인 목표라 할 수 있다. 이 욕구가 전문화되어 세계를 읽을 수 있는 보편적이면서도 광범위하며 구체적인 구조를 갖춘 지식 체계를 우리는 학문이라 볼 수 있다. 따라서 사람들은 자신이 성공하고 싶은 분야의 전반에 대해 깊게 공부하고 훗날 명실공히 전문가로 서고자 노력한다. 더욱 구체적으로, 자연의 작용 원리를 알고자 하는 이는 자연과학에서, 사회 현상의 흐름과 조직 구조를 알고자 하는 이는 사회과학에서 그리고 언어, 인간의 삶, 예술 등에 숨겨진 미학과 시적 구조를 알고자 하는 이는 인문학과 예술 분야에서 활동하며 성공을 꿈꾼다. 이렇게 각 분야에서 익힌 기초 지식들이 사회에 고스란히 적용된다면 학문과 실제의 괴리가 발생할 여지는 없었을 것이다. 그러나 고정되어 있는 과녁보다 쉴새없이 움직이는, 그것도 방향을 예측할 수 없는 과녁을 맞추는 것이 어렵듯이, 실제 익히고 배운 지식으로 세상을 알고 그 세상에서 성공하기란 굉장히 어려운 일이다. 실제로 누구도 다가오는 세계를 정확히 파악하지 못하며 가장 가까운 내일조차 내다보지 못한다. 그러기에 사람들은 더더욱 자신이 임한 분야에서 성공의 흐름을 읽으려 애쓰고 거기에 맞춰 자신의 삶을 내던진다.

한마디로 사회적 위치가 높아질 수 있는 길을 찾는 것이다. 그렇다면 사람들은 그 길을 어떻게 예측하는가? 이는 역사를 배우는 이유와 흡사하다. 과거를 올바로 해석해야 현재를 정확히 이해할 수 있으며 미래를 예측할 수 있는 법이다. 미래의 성공도 이와 같이 예측이 가능하다. 즉 지금 우리가 살아가는 세계가 어떤 식으로 흘러가는지를 토대로 각자 나름대로 미래의 성공을 예상할 수 있는 것이다.

하지만 우리가 현재에 바탕을 두고 앞으로의 성공적인 삶을 예상할 때 문제될 것이 두 가지 있다. 첫째는 그 예상이 실제 미래와 다르더라도 여전히 현재를 기준으로 미래를 생각할 수밖에 없다는 것이고, 둘째는 이렇게 미래 설계의 토대가 되는 현재가 한 모습만을 갖지 않고 수시로 변한다는 것이다. 따라서 사람들은 '아, 내가 이 변화하는 세계에 잘 처신하기만 한다면 성공된 미래를 보장받을 수 있겠구나' 하고 생각하기 쉽다.

그렇다면 이때 변화에 '잘 처신한다'는 것은 무엇을 의미할까? 일반적으로 이 기준을 얼마나 재빠르게 변화에 편승하느냐에 두고 이야기한다. 말하자면 시대의 트랜드, 소위 '잘 나가는 분야'를 파악한 후 어느 정도 요령 있고 재빠르게 행동하느냐에 따라 성공 여부가 달라진다고 보는 것이다. 그러나 실제로 이런 사람들은 제대로 된 성공은 맛보지도 못하고 보통 생을 마감한다.

따라서 결론을 말하자면, 이곳 저곳 옮겨다니며 성공의 기회만을 노리는 것은 어리석은 일이라는 것을 밝혀둔다. 이런 사람들은 결코 안정된 성공을 이룰 수 없다. 이들이 이루는 성공은 모래 위에 집을 짓는 격이고 기본 없이 요령만을 익히는 것과 같아서 바람 앞의 등불이고 사자 앞에 놓인 쥐와 다를 바가 없다. 언젠가는 바람에 무너지고 잠든 사자가 일어나 포효라도 한번 한다면 여지없이 무너질 위태로운 성공인 것이다.

성공도 이와 같아서 가볍게 옮겨 다니며 야트막한 지식으로는 절대 '진짜'를 '오랫동안' 가질 수는 없다. 잘 다져진 땅 없이, 그리고 주춧돌과

뼈대 없이 견고한 건물이 있을 리 없듯이, 성공을 원한다면 먼저 그 바닥에 탄탄한 토대를 마련해야 한다. 이 바탕은 당연히 하루아침에 완성되는 것이 아니다. 영겁처럼 느껴지는 시간의 담금질만이 사람의 바탕을 만들어 가는 것이다. 이때 만드는 시간을 단축시킬 수는 있어도, 그 누구도 이 과정을 비켜가면서 성공의 기초를 쌓을 수는 없다.

이렇게 한 우물을 파내는 노력이 성공의 토대를 마련하고 높은 위치로 도약할 수 있게 한다는 것을 알면, 여러 군데를 전전하며 기회만을 엿보는 사람들이 성공할 수 없는 이유는 자명해진다. 파도같이 출렁이는 사회에서도 자리를 지키는 흔들림 없는 뚝심이, 그리고 한가지 일을 끝까지 붙잡게 해주는 의지와 노력이 성공을 만든다는 것을 기억하라. 하루하루 열정을 가지고 파고들게 하는 근면한 정신이 성공의 약속을 완성해간다. 주먹을 쥔 채 하나만 삐죽이 내민 새끼손가락에 지금은 아무런 희망도 걸릴 것 같지 않아 보이지만 각고의 노력 끝에 눈을 들어보면 성공은 이미 다가와 큰 손을 내밀어 당신의 손에 확신의 손가락을 굳게 걸고 있음을 알게 될 것이다.

자, 이제 성공의 약속을 끌어오는 것은 오직 당신의 노력 여하에 달려 있음을 기억하고 힘차게 뛰어 보라.

당신 안에 감춰진 원석을 찾아라

가장 행복한 사람은 어떤 사람일까?
바로 자신이 하고 싶은 일을 하는 사람이다. 일이 좋아서 하는 사람보다 일을 더 잘 할 수 있는 사람은 없다. 자기가 좋아하는 일을 하며 사는 사람은 온 정성을 다해서 일을 하기 때문이다. 반면 이 세상에서 가장 불행한 사람은 어떤 사람일까? 하기 싫은 일을 억지로 하는 사람이다. 이들은 시류에, 인기에, 부에 편승하여 적성에 맞지 않은 일을 직업으로 삼아 일하고 있다. 이런 사람들은 재미있지도 않은 일을 마지못해 하기 때문에 일에 재미를 느끼지 못하고 능률도 오르지 않는다. 다만 생계를 책임져야 하기 때문에 일을 계속 하는 것이다. 그런데 대부분의 사람들이 이러한 여러 요인에 이끌려 하루하루를 그저 그렇게 살아가고

있는 것이다. 이렇게 되면 이 두 가지 태도 중 어떤 태도로 일해야 성공할지는 자명해 보인다.

그렇다면 성공의 첫 번째 조건은 단연 즐기면서 일하는 데 있다. 간혹 어떤 사람은 아무런 노력 없이도 쉽게 성공하는 것처럼 보이는데, 이는 그들이 너무나 자연스럽게 일을 즐기면서 노력하기 때문이다. 자신이 좋아하는 일을 직업으로 삼은 사람은 그 일을 즐기면서 하고 일에 열정을 갖기 때문에 일에 능률도 오르고 성공에 쉽게 이르는 것이다. 이렇듯 자기가 좋아하는 일을 찾아 순풍에 돛을 달듯 성공의 길을 걷는다면 다행이지만, 어딜 가든 항상 장애물은 존재하는 법이다.

우리나라에서 볼 수 있는 가장 큰 걸림돌 중 하나는 부모라고 할 수 있다. 자녀의 적성을 고려하여 진로를 결정하기보다 오직 성공시켜야겠다는 부모의 욕심으로 자녀의 진로를 결정하기 때문이다. 사실 우리나라 대부분의 부모가 자녀의 직업을 생각할 때 자녀가 진정으로 좋아하고 잘할 수 있나를 고려하기보다 인기 업종인지에 비중을 두고 직업을 결정한다. 반면 선진국의 부모들은 자녀가 성인이 되어 직업을 선택할 때 자녀의 의견을 충분히 존중한다.

어느 부모가 자녀의 성공을 바라지 않겠느냐만 인기 업종으로 간다고 해서 성공하는 것만은 아니다. 우리에게 진정으로 중요한 것은 삶의 가치를 어디에 두고 사느냐 하는 것이다. 따라서 자녀가 행복하고 성공하기 바란다면 먼저 부모 자신들부터 변해야 한다.

그럼 어떻게 변해야 할까? 우선 내 아이가 진정 좋아하는 일이 무엇인가를 찾아 팍팍 밀어주라.

방법은 '하고 싶은 일이 진정 무엇인가?' '무엇이 흥미를 끄는가?' '무엇이 자신을 신나게 하는가?' '삶에서 어떤 것과 관련된 일을 하고 싶은가?' '어떤 것을 할 때 스스로가 열심히 일할 수 있는가'를 자녀에게 물어봐야 한다.

세상에 영원한 것이란 없다. 직업도 이와 마찬가지이다. 현재의 인기 업종도 언젠가는 기피하는 업종으로 전락할 수 있다.

이를테면 1999년 정부 부처의 젊은 인재들이 속속 공직을 떠난 적이 있다. 낮은 임금과 저하된 사기, 승진 적체, 불투명한 전망 등으로 고시 출신자들이 미래에 대한 자신감을 잃고 민간기업을 찾아 나선 것이다. 그 당시만 해도 세계 경제의 활황으로 민간 기업에서의 대우가 좋았다. 하지만 요즈음은 불황으로 일자리가 줄고, 보수도 예전 같지 않으며 미래에 대한 보장도 확실치 않아 많은 사람들이 민간 기업 취업을 기피하고 있다.

그런데 요즈음은 상황이 또 바뀌어 수십만 대학 졸업생들이 공무원이 되기 위하여 이를 위한 시험 준비를 고시 준비하듯 하고 있다. 그래서 대학 재학 중에 공무원 시험에 합격하면 교정에 현수막이나 플래카드가 붙고 축하하는 등 그야말로 공무원의 인기가 하늘을 찌를 듯하다. 불과 몇 년 전만 해도 박봉에 격무로 인해 공무원은 기피 업종의 하나로 꼽혔다. 그러나 앞으로도 계속 공무원이 인기를 누릴 수 있는 직업인지는 알 수 없다. 이처럼 인기 직업이란 것도 시대에 따라 변하게 된다. 모든 것은 물레방아가 돌듯 돌고 돌기 때문이다.

성공의 두 번째 조건을 보자. 과연 무엇일까?

성공한 사람들은 자신의 일에 만족한다는 것이다. 그들을 만나보면 일 중독자처럼 일에 빠져 많은 시간을 바쁘게 지내는 모습을 볼 수 있지만, 피곤하고 지친 기색은 전혀 찾아볼 수 없다. 그들은 일을 즐기기 때문에 마음에서 우러나 일을 하기에 그것을 일이라 생각지 않는다. 이렇게 일이 즐거우면 삶이 재미있지만, 일이 적성에 맞지 않으면 삶은 찌들게 된다. 사람이 자신의 삶을 주도하지 못하고 삶에 이끌려 가다보면 성장하지 못한다. 따라서 자신이 현재 하는 일이 재미있는지, 적성에 맞는지를 숙고해야 한다.

아니라는 생각이 들면 '나는 내 일을 좋아한다'고 마술을 걸어둔 채 노력하거나, 과감히 다른 길을 선택하라. 최근 한 매스컴의 조사 결과에 의하면 80퍼센트의 노동자와 50퍼센트의 경영진이 직장 생활에 만족하지 못함을 보여주고 있다. 결국 현대인의 두 명 중 한 명은 적성에 맞지 않는 직업에 종사하면서 그 삶에 이끌려 그냥 그렇게 살아가고 있는 셈이다. 그렇다고 자신의 나이와 처지를 먼저 떠올리며 좋아하는 일을 찾기에 이미 늦었다고 판단하여 지레 포기하지는 마라. 마흔이 넘어서 자신이 일을 찾아 성공한 사람이나 예순이 넘은 나이에 그때까지 해오던 취미 활동을 직업으로 바꿔 박사 학위를 받고 문단에 등단한 사람도 무수히 많다.

　우리는 자신에게 맞는 일을 해야 성공할 수 있다. 그러려면 '나'만을 생각하라. 다른 사람이 내 자신의 인생을 대신 살아 주지 않는다. 타인의 시선을 의식하며 살다보면 자신에게 충실하기 힘들다. 자신에게 충실하려면 무엇보다 자신의 만족을 생각해야 한다. 나이를 의식하지 마라. 늦었다고 생각할 때가 가장 빠른 때이며 무엇인가 시작하기에 늦은 나이는 없는 것이다.

　당신에게 재미있는 일, 당신이 잘 할 수 있는 일 그리고 당신이 하고 싶은 일은 무엇인가? 당신이 진정으로 하고 싶은 일을 직업으로 택하라. 그러면 자신이 좋아하는 일에 최선을 다해 최고가 될 것이고, 최고를 원하는 사람은 당신을 스카우트할 것이다. 좋아하는 일을 찾아 꿈을 가지고 열심히 노력하면 행복과 부는 저절로 따라온다.

꿈을 가치 있는 보석으로 만들어라

보통 어린 시절에는 큰 꿈과 희망을 갖지만, 성장하면서 대개 꿈은 작아지고 희망도 사라진다. 이 과정은 보통 현실과 타협안을 마련하는 것으로 끝이 나는데, 대부분의 사람이 이런 경로를 착실히 밟아 어른으로 성장하여 현실에 안주하여 바둥거리며 살아가면서도 미약하게나마 성공을 꿈꾼다. 그러나 성공의 출발은 꿈을 갖는 것으로부터 비롯된다. 작은 성공은 꿈 없이도 가능하지만 큰 업적을 남기려면 반드시 꿈을 품어야 한다. 물론 꿈을 갖는 것만으로 쉽게 성공의 열쇠를 쥘 수는 없다. 실제로 많은 사람들이 꿈을 이루지 못하고 인생을 마친다. 꿈은 단기간에 이루어지는 것이 아니기 때문이다. 그러나 꿈이 없다면 인생에 열정을 갖고 살 수 있을까? 사람은 꿈이 있기 때문에 그 꿈을 이루기 위해 노력하고, '노력하는 것' 자체로 보람 있게 생활하는 것이다.

또한 꿈을 가진 사람은 목적지를 향해 올곧게 항해하는 배와 같아서 자신의 꿈과 그 꿈을 이루기 위한 구체적인 목표를 가지면 큰 업적을 이룰 수 있다. 이처럼 사람들은 꿈을 갖고 있을 때 자신감을 갖고 적극적으로 살아가며 자신의 목표를 분명히 말한다. 꿈이 삶에 생동감을 주기 때문이다. 꿈이 있는 사람은 얼굴빛이나 행동, 살아가는 방식이 꿈이 없는 사람과 많은 면에서 다르다. 이때 꿈을 이루려면 막연한 희망이나 소망만으로는 자신의 꿈을 이루기에 부족하다는 사실을 기억해야 한다.

꿈의 실현은 분명하고 구체적인 목표를 가져야 가능한데, 여기에 피와 눈물과 땀이라는 거름을 뿌린다면 성공이라는 풍성한 수확을 거둘 수 있다. 장기적으로는 평생 동안의 목표와 20년, 10년, 5년, 중기적으로 1년, 6개월, 단기적으로 1개월, 1주일, 하루의 목표를 세워야 한다.

무엇보다 중요한 것은 오늘 하루 무엇을 할 것인가를 분명히 정하고 노력하는 것이다. 모든 것은 시작이 중요하며 꿈을 갖는 것이 성공의 시작이 된다.

하지만 '돈을 많이 벌어 잘 살아야지' '건강했으면 좋겠다'와 같은 일상적인 소망은 꿈이라 보기에 적합하지 않다. 이런 막연한 소망만으로는 아무 것도 이룰 수 없기 때문이다.

사람은 구체적인 목표가 있어야 그 목표를 이루기 위하여 열정을 갖고 노력하게 된다. 따라서 무엇보다 분명한 목표를 가져라. 그리고 목표를 정했으면 '나는 무엇을 하고 싶다' '나의 꿈과 비전은 무엇이다'라고 확실하게 말하라. 목표가 있어야 성취하고 싶은 욕망이 생기고 사물을 보는 안목도 달라진다.

이를테면 출세에 관심 있는 사람은 어떻게 하면 남보다 빠르게 승진할까 하는 생각에 집중하고, 이를 삶의 목표로 삼아 빠르게 승진한다. 이는 자신이 관심 있는 분야에 대하여 항상 머릿속에 집중적으로 생각하여 그 분야가 잘 보이는 가운데서 최선을 다하기 때문이다.

당신이 성공적인 미래를 원한다면 이처럼 목표를 먼저 세워야 한다. 반면 목표가 없는 사람은 하루하루를 바쁘게 살지만 정작 나이 들어 뒤돌아보면 이루어 놓은 것이 없다고 느낀다.

미국의 하버드 대학교와 예일 대학교 졸업생들에게 '당신은 꿈을 갖고 있습니까?'를 주제로 한 설문 조사결과 3퍼센트만이 문서화 한 구체적인 꿈을 갖고 있었다.

그런데 재미있는 사실은 이들이 졸업하고 사회에 진출하여 수십 년이 지난 후 구체적인 꿈을 가지지 못했던 97퍼센트의 사람들의 재산을 합친 것보다 문서화한 꿈을 가진 3퍼센트의 사람들이 무려 10배 이상의 부를 축적하고 사회적으로도 성공했다는 것이다.

왜 꿈을 문서로 작성한 사람들만이 성공할 수 있었을까? 무엇이든 글로 쓰게 되면 자기도 모르는 사이에 책임감을 갖게 된다. 말이나 생각과는 다르게 글로 쓰는 것은 자신과의 약속이기 때문이다.

말하자면 글로 자신의 목표를 쓰게 되면, 목표가 보다 구체적으로 정해져 실행 계획을 수립할 수 있을 뿐만 아니라 또 언제든지 확인할 수 있기 때문에 목표 달성을 위한 자극제가 되어 성공으로 이끌 수 있는 것이다. 이처럼 꿈이 명문화되어 있는 것과 없는 것의 차이는 결과가 말하여 준다.

당신은 어떤 꿈을 갖고 사는가? 좋아하는 일을 찾아 그 일을 하거나 인터넷 사업으로 백만장자가 되거나 국회 의원 선서에 출마하여 당선되거나 운동선수로서 올림픽에 출전하여 금메달을 따는 것 등이 될 수도 있다. 이때 분명한 것은 목표는 크면 클수록 좋다는 것이다. 당신이 꾸는 꿈의 크기만큼만 당신도 성장할 수 있기 때문이다. 그렇다고 무작정 목표만 크게 정하라는 말이 아니다. 목표가 큰 만큼 목표 달성을 위해 더 많이 노력해야 한다.

목표가 있는 사람은 그 목표를 달성하기 위하여 자신의 모든 생활 방식을 목표에 맞추고 하루하루 노력하며 살아간다. 이렇게 우리가 꿈을 가지고 살면 자신뿐만 아니라 가족들의 생활 태도까지 변화한다. 특히 어린아이를 둔 부모에게 이것은 더욱 중요하다. 부모의 큰 꿈이 아이의 꿈을 이룰 수 있는 밑거름이 되기 때문이다. 또한 어떤 꿈을 갖고 살아 왔느냐에 따라 자신이 살아온 과거와 현재, 그리고 미래를 예측할 수 있다. 그래서 지금 당신의 모습은 과거 당신 자신의 행동 결과이며, 미래의 모습이기도 하다.

큰 꿈은 1세대로는 부족하다. 이때 어떤 꿈을 갖느냐가 문제가 되는데,

이것은 부가 될 수도 있고 출세가 될 수도 있다. 많은 돈을 버는 것이 꿈인 사람은 백만장자가 될 수 있고, 출세가 꿈인 사람은 사회적으로 높은 지위까지 오를 수 있다. 이렇게 부를 손에 얻고 출세를 한다 해도 정작 중요한 아이의 성공에는 실패하기도 한다.

오직 자신의 성공만을 위해 돌진한다면 자신은 성공하지만 자녀의 성장과 성공에는 소홀하게 되기 때문이다.

그러나 백만장자가 되고 출세한 사람들 중에서도 타인에게 피해를 주지 않고 열심히 노력한 사람은 자녀도 성공한다. 게으르고 다른 사람의 시선을 의식하며 얕은 삶을 살아가는 사람은 꿈이 없으며, 타인을 배려하고 이해하는 인생의 깊이도 느낄 수 없다. 반면 꿈이 있는 부모는 행동부터가 남과 다르다. 이들은 자녀의 미래를 위해서 바르게 생각하고 행동하려고 노력한다. 꿈은 자신을 발전하게 할 뿐만 아니라 자녀를 긍정적이고 적극적으로 변화시키기 때문이다.

성공은 누구에게나 그리고 아무에게나 주어지는 것이 아니다. 그것은 꿈을 가지고 그 꿈을 이루기 위해 노력하는 사람만이 갖는 특권과도 같은 것이다.

위대한 성공을 이룬 사람들은 어린 시절부터 원대한 희망과 뚜렷한 인생의 꿈을 가지고 살았다는 것을 기억하라. 위인들은 각자 다른 꿈을 꾸었지만 모두 삶의 목표를 인식하고 이루기 위하여 하루하루 최선을 다하며 살아왔다.

당신은 어떠한 목표를 가지고 있는가? 만약 목표가 마라톤을 완주하는 것이라면 매일 조금씩 뛰어야 한다. 건강한 몸을 만들고 싶다면 운동을 하고 자신의 습관을 점검하여 나쁜 습관을 좋은 습관으로 고쳐나가야 한다. 요컨대 목표를 이루고자 한다면 아침에는 목표를 생각하며 하루를 계획하고 잠자리에 들기 전엔 하루를 되돌아보며 잘못된 부분을 개선하려는 노력이 필요하다.

그런데 삶은 참으로 묘미가 있어 일이 항상 순탄치 않아 오랜 기간 노력해도 학습 향상이나 성장 속도가 더뎌, 포기하거나 슬럼프에 빠질 때도 있다. 그러나 그 때를 성장하기 위한 진통이라 생각하고 견뎌 나간다면 어느 순간 한층 성장하게 된 자신을 볼 수 있을 것이다. 따라서 주기적으로 자신을 뒤돌아보며 무엇이 잘못되었는지 짚어보면서 계획을 세우며 자신감을 갖고 노력하라. 목표를 이루기 위하여 적절하게 시간을 활용하고 있는지 점검해 보라. 이런 생활을 꾸준히 10년 이상 반복해야 희미한 길이 보일 것이다.

당신은 미래를 위해 어떤 꿈을 갖고 있는가? 그리고 그 꿈을 이루기 위해 얼마나 노력하고 있는가?

어떤 위대한 업적도 우연한 행운만으로는 이루어지지 않는다. 큰 일을 이루어 놓은 사람들을 보면 운이 좋다고 말하기 쉽지만 대화를 하다보면 성공이 '운'만으로 이루어진 것이 아님을 알 수 있다. 이들은 모두 수많은 실패와 시행착오를 겪으며 보이지 않는 곳에서 피눈물 나는 노력을 한 결과 그 결실이 성공이란 열매를 맺은 것이다. 간혹 운이 좋아 성공했을 수 있으나, 이런 성공은 길게 가지 않는다. 쉽게 이룬 만큼 위기에 쉽게 무너지며, 정상에서 오래 머무를 수 없다.

따라서 권고한다. 꿈을 꾸고 있는 자들이여! 구체적인 꿈을 가져라.

목표를 세우기 위해 당신의 목소리에 귀 기울여라.

'내가 진정으로 원하는 것이 무엇인가?' '나의 관심사는 무엇인가?' '내가 좋아하는 일이 무엇인가?' '내가 잘 할 수 있는 일은 어떤 것인가?'를 끊임없이 물으며 내면의 소리에 귀 기울이면 자신만의 꿈을 찾을 수 있다. 그리고 당신의 꿈을 찾아 일단 목표를 세웠다면 그 다음으로는 실천을 해야 한다. 자신이 원하는 것에 도달하려면 누구를 막론하고 수많은 실패와 어려움을 극복해야 한다.

성공은 모든 사람에게 똑같은 기회를 준다. 그리고 꿈꾸는 사람만이 그 기회를 잡을 수 있다. 그래서 사람은 누구든 어떤 일을 하든 자기만의 구체적인 꿈을 가져야 한다. 많은 사람들이 꿈에 나름의 의미를 부여하고 추구하지만 간절한 마음이 없다면 삶은 말 그대로 하룻밤 꿈에 지나지 않게 된다.

부자가 되어야 하는 이유, 성공해야 하는 이유 등이 간절해야 한다. 따라서 간절히 원하고 기도하라. 자신이 간절히 원하고 기도하는 것은 자기 자신의 내면과 소통하는 것이다. 우리가 무언가를 간절히 바라면 그 에너지가 원하는 대상으로 가게 된다. 그래서 '꿈은 이루어진다'는 메시지가 존재하는 것이다. 그리고 그 꿈을 이루기 위해 매일 조금씩 노력하라. 그렇게 20년 이상 인내하며 노력하면 당신은 분명 꿈을 이루어 낼 수 있다.

자신만의 기막힌 기본기를 갖춰라

기본기 하면 고등학교 시절의 테니스부·탁구부 등의 운동선수들이 떠오른다. 테니스부의 대부분 선수들이 연습은 하지 않고 허공에 대고 라켓만 휘두르는 것이었다. 그리고 탁구부의 선수들 또한 거울 앞에서 공은 없고 라켓만 들고 동작만 할 뿐이었다. 그때는 어린 생각에 라켓 휘두르는 시간에 공을 가지고 실제 연습을 하면 실력도 훨씬 향상될 텐데 왜 저럴까 하며 의아해했다. 그런데 그러한 의구심은 아주 늦게 풀렸다. 말하자면 시간 낭비로만 여겨졌던 그러한 동작들이 탁구, 테니스를 잘 하기 위한 기본기를 쌓기 위한 동작이었다는 것을 성인이 되어서야 알게 된 것이다.

살펴본 운동뿐 아니라 모든 일에는 다 기본이 있다. 동양의 전통적인 수행법을 생각해 보라. 예로부터 동양에서는 득도한 스승에게 가르침을 받으려면 먼저 3년 동안 오직 나무만 하고, 다음 3년 동안은 청소만 하고, 그 다음 3년 동안은 밥만 지어야 했다.

이 9년의 과정을 거친 뒤에야 스승은 비로소 제자에게 무엇을 전해 줄 것인가를 결정했다. 얼핏 아무 쓸모 없어 보이는 이 과정을 거치면서,

제자는 자만심과 아집을 닦아 내고 자신을 낮추는 법을 철저히 배우게 되는 것이다. 물론 보통 사람들은 출가하는 날부터 공부를 하면 9년이란 시간을 허송세월하지 않아도 되니 훨씬 빨리 법문을 습득하여 많은 고승을 배출할 것으로 여길 수도 있을 것이다. 하지만 허송세월하는 듯이 보이는 이 시간 또한 기본을 쌓는 하나의 과정인 것이다.

모든 감정과 관념을 비워낸 후에야 참자아를 깨닫는 첫 걸음을 내딛을 수 있는 것이다. 때로는 그 과정이 너무도 고통스러워 죽는 것보다 더 힘들지도 모른다. 그러나 당신이 진정한 자신을 만나고자 하면서 당신 자신을 비워내지 않으려 한다면 결코 큰 그릇을 채울 수 없다.

삶의 법칙은 생각보다 단순하지 않다. 빠른 것이 항상 좋은 것만은 아니다. 말하자면 일련의 오랜 과정을 통해야만 사람이 제대로 성숙될 수 있는 것이다. 우리 조상들은 바로 이러한 점에서 현대인들보다 지혜로 웠다고 할 수 있다.

예전에는 느림의 미학처럼 '느린 것이 빠르다'는 기본의 중요성을 깨닫고 몸소 실천한 결과 서산대사, 원효대사와 같은 많은 고승들이 배출되었다. 그러나 문명이 발달한 요즈음은 어떠한가?

과거 문명이 발달하지 못한 때보다도 생활 여건이 훨씬 좋아졌으니 더 많은 분야에서 고수들이 나와야 하는 것 아닌가? 그런데 현실은 이와 달라 소위 '도사'라고 일컬을 만한 사람을 찾아보기 어렵다. 이는 사회가 기본기를 등한시한 채 잘하기 위한 요령만을 익히는 교육, 소위 '속성

과정'으로 기술 습득을 우선하는 기능 교육에만 치중하기 때문이다.

우리나라의 많은 사람들이 기초 과학 분야에서 노벨상 수상자가 나오기를 기대한다. 그러나 여기서도 획일적인 교육이 문제가 된다. 우리나라 중·고등학생들은 오래 전부터 국제과학올림피아드에서 선진국의 학생들을 물리치고 우수한 성적을 거두고 있다. 하지만 그들이 대학에 진학한 후에는 선진국의 학생들보다 뒤떨어지는 것을 볼 수 있다.

왜 그런 것일까? 선진국의 교육은 개개인의 창의성을 키우는 데 역점을 두지만, 우리나라 학생들은 아직도 입시 위주의 짧은 문제를 푸는 속도 경쟁에 갇혀 있기 때문이다. 바꾸어 말하면 부실한 기초가 문제인 것이다. 이때의 기초란 물리학·화학 등을 의미하는 것이 아니라 철학과 인문학 등 다방면에 걸쳐 교양을 갖춘 깊이 있는 공부를 말한다.

음악도 이와 마찬가지이다. 우리들 대부분은 베토벤$^{\text{Beethoven, Ludwig van}}$을 가장 천재적인 음악가로 기억할 뿐, 정작 그가 놀라운 독서광이었다는 사실을 아는 사람은 그리 많지 않다. 그는 호머^{Homer}·단테$^{\text{Dante, Alighieri}}$·셰익스피어$^{\text{Shakespeare, William}}$ 등의 고전 작품을 주로 애독하면서 그의 우주 정신을 넓혀 갔다. 이러한 정신이 있었기 때문에 세계에 족적을 남기는 위대한 음악이 탄생한 것이다.

한마디로 깊은 철학 없이는 깊은 예술이 나올 수 없다.

잠시 바둑의 신이라 일컬어지는 조훈현 씨가 바둑을 배우기 위하여 도일하여 생활한 일화에 귀 기울여 보라.

그는 세고에의 제자로 들어가 마당을 쓸거나 잔심부름을 하면서 3년을 보낸 뒤, 비로소 기원에 입단하게 된다. 서울에서 이 소식을 접하게 된 그의 부모는 자식을 스파르타식으로 훈련시켜 달라는 내용의 정중하면서도 항의의 뜻을 담은 편지를 써서 보내자 이에 대한 세고에의 답장은 간단했다.

"바둑은 예이면서 도입니다. 기량은 언제 연마해도 늦지 않습니다. 다만 큰 바둑을 담기 위해서는 먼저 큰그릇을 만들어야 합니다. 그러기 위해서는 인격 도야가 먼저입니다. 저를 믿고 기다려 주시기 바랍니다."

그가 바둑의 신이라는 명성을 얻을 수 있었던 것도 바로 이와 같은 기본기를 철저히 갖추었기 때문에 가능했다고 본다. 따라서 만약 기본이 없는 상태에서 습관에 젖은 잘못된 자세를 고치지 않으면 실력 향상에 걸림돌이 된다. 말하자면 어느 정도 단계의 수준에 이르면 아무리 노력해도 그 이상 향상되지 않는다. 하지만 일단 기본기를 갖추면 실력은 빠른 속도로 꾸준하게 향상된다. 이것이 우리가 모든 부분에 기본을 고집해야 하는 이유이다.

큰 부를 얻기 전에 정직과 신용이 토대가 되지 못하거나 사회의 지도자가 되기 전에 인성을 갖추지 못한 채 출발하면 뿌리가 부실하여 쉽게 무너질 뿐만 아니라 정상에 머무르는 기간 또한 짧다. 이처럼 당신도 운동·디자인·악기·음악·컴퓨터·사진·그림 등 자신이 이루고 싶은 분야를 온전히 당신의 것으로 만들기 위해서는 어느 정도 기본기를 쌓을 시간이 필요하다. 말하자면 기본기에 충실한 후에 그것을 토대로 얼마든지 기술을 쌓아도 늦지 않는다. 또 그래야만 실력도 향상되는데, 이는 미래의 성장으로 이어진다. 따라서 성공하려면 서두르지 말고 반드시 과정마다 거쳐야 할 단계를 하나하나 착실히 밟아야 한다. 어린이가 제대로 된 교육을 받아야 훌륭한 사람이 될 수 있는 것처럼 당신도 기본을 제대로 배워야 일류로 도약할 수 있다.

심리학자는 '대체적으로 한 분야에 기본을 갖추려면 최소한 500시간 이상 노력을 해야 하며, 아마추어 수준에 달하려면 1,500시간 이상, 전문가가 되려면 10,000시간 이상 투자해야 가능하다'고 말한다. 이것을 기간으로 환산해 보면 하루에 3시간씩 하루도 빠지지 않고 10년 이상을 노력해야 전문가가 될 수 있다는 계산이 나온다.

이때 한 분야의 전문가가 되고자 노력하는 과정에서 주기적으로 실력이 급격히 상승하는 시점이 발생한다. 이것을 변곡점$^{\text{teaping point}}$이라 칭하는데, 슬럼프 기간을 극복하고 난 후 지식이 향상되는 시기를 말한다. 이러한 상황은 기간 내내 주기적으로 발생하는데, 이때 찾아오는 슬럼프를 극복해야만 전문가가 될 수 있다.

경험에 비추어 보면 이 기간은 대략 5년 이상 걸린다. 운동이든, 지식이든, 건강이든 각 분야에서 5년 정도까지는 수많은 시행착오가 거듭되고,

그 후에 비로소 알고자 하는 분야가 조금씩 가슴에 와 닿기 시작한다. 이를테면 운동복을 입고 운동화를 신은 후 밖에 나가 뛰기만 하면 될 것같이 아주 쉽게 보이는 마라톤조차도 아마추어 수준의 고수급에 이르기 위해서는 기본 자세를 익히고 몸에서 힘을 빼는 데에만 무려 5년 이상의 기간이 필요하다. 또한 과도한 연습으로 인한 인대 파열·근족염·무릎 부상 등으로 2개월 이상 운동을 하지 못하고 지켜보아야만 하는 아픔을 여러 번 겪어야만 한다. 이렇게 7년이 지나면서 실력 향상의 가속도가 붙고, 10년이 지나면서 비로소 자신감이 생긴다.

그렇다면 세계 최고가 되려면 얼마나 많은 시간이 필요할까? 한번 강의에, 또는 하루 초청 경비로 몇 억 원씩 버는 세계 최고가 되려면 한 분야에 60,000만 시간 이상을 노력해야 가능하다. 어려서부터 남다른 재능을 갖고 노력한다면 이 정도 시간까지 필요하지 않겠지만, 아무리 머리가 나빠도 60,000시간 이상 투자하면 못 이룰 것이 없다.

오랜 시간 동안 자신을 계발하여 마침내 정상에 오른 발레리나 강수진 씨·바이올리니스트 장영주 씨·첼리스트 장한나 씨 등은 어려서부터 꿈을 갖고 수많은 시간을 투자하여 세계 최고가 된 사실은 이를 잘 말해준다. 그리고 전문가 된 그들은 오늘도 기본을 다지는 연습을 한다. 기본은 여전히 필요하고 그 빛을 오래도록 발휘할 수 있기 때문이다.

실제로 정상에 오른 이들이 노력한 시간을 숫자로 환산해 보면 하루에 3시간씩 투자했을 때 1년이면 1,000시간이 되며, 아무 일도 하지 않고 하루 10시간 이상씩 투자해서 20년 이상을 노력해야 60,000시간이 된다. 이렇듯 단순히 숫자로 환산해 보면 아무것도 아닌 듯이 생각하기 쉽다. 하지만 우리는 하루에 30분씩 운동하는 것조차 실천하지 못하지 않는가. 요컨대 가난하거나 머리가 나쁘다고 불평하기 이전에 좀더 나아지려고 얼마나 노력하고 있는가 당신 자신을 돌아보라.

결국 세계 최고가 되기 위해서는 반드시 기본기를 충실히 갖춘 다음에 땀과 눈물을 동반하는 노력을 해야 함을 알 수 있다. 무엇보다 기본기가 갖추어지지 않으면 아무리 노력해도 실력은 향상되지 않기 때문이다. 사실 요령만 있으면 처음에는 실력이 빠르게 향상될지 몰라도 기본기가 부족하면 일정 시간이 흐른 뒤에는 실력이 더 이상 오르지 않는 고비가 찾아와 중도에서 포기하고 만다. 그래서 '대기만성'은 누구나 이루기 어려운 화두와도 같은 것이다.

무엇이든 빠르게 이루려 하지 마라. 한 번에 두세 걸음씩 빠르게 가면 언젠가는 두세 걸음 이상 손해 보는 날이 온다. 그러나 느리지만 하루에 한 걸음씩 꾸준히 노력하다 보면 자신도 모르는 사이에 전문가가 되고, 그 분야에서 최고가 된다.

따라서 지금 당신은 수십 년을 인내할 수 있는 은근과 끈기가 세계 최고를 만든다는 사실을 기억해야 한다.

비버처럼 계획하고 코뿔소처럼 실행하라

'당신은 오늘 하루를 어떤 마음으로 살아가고 있습니까?' 놀랍게도 이 질문에 명확하게 대답하는 사람이 그리 많지 않다. 바로 오늘의 중요성을 인식하지 못하기 때문이다.

대부분의 사람들이 '오늘도 즐겁게 보냈으면 그 걸로 된 거지'라고 생각하며 계획 없이 살아간다. 그러나 성공하는 사람들은 매일 매일을 최고로 만들기 위하여 계획을 만들고 실천한다.

그렇다면 계획을 세워야 하는 이유는 무엇인가? 10분을 소요하여 적어도 1시간 이상 유용한 시간을 벌기 위함이다. 계획이라고 해서 거창할 필요는 없으며 많은 시간이 필요한 것도 아니다. 계획은 세운 자체로 효용성을 갖기 때문이다. 생활에 계획이 없으면 빈둥거리며 시간을 낭비하게 되지만, 자기 전 다음날 할 일의 계획을 세우면 그것을 지키기 위해 노력하게 된다.

요컨대 우리가 성과를 얻기 위해 시간을 투자하는 방법 중 계획을 세우는 것이 가장 좋은 방법이다. 그렇다면 계획을 세운 후에 실천은 어떻게 해야 할까? 만약 독서나 운동을 하려 한다면 꾸준히 조금씩 하는 것이 가장 효과적이다. 이렇게 실천하는 방법을 알아도 꾸준히 할 수 있는지는 여전히 의문이다. 처음 며칠은 쉽게 해내지만, 시간이 지나면 처음 가졌던 마음이 해이해져 중도에 포기할 수 있기 때문이다. 그러나 성공의 열쇠는 포기하지 않고 꾸준히 하는 데 있다. 따라서 그만두고 싶은 마음을 누르고 꾸준히 노력하다보면 자연적으로 습관이 되어 자신이 성장하고 있다는 것을 느낄 수 있다.

또한 계획을 세울 때는 당신의 생활 패턴을 고려하는 것이 좋다. 일례로, 사람마다 효율적인 시간이 다른데, 밤에 능률이 오르는 사람이 있는가 하면 새벽에 능률이 오르는 사람도 있다. 이때 당신에게 맞는 시간을 최대한 유용하게 활용하는 것이 좋다. 활용하는 정도에 따라 효과는 극대화된다.

어떤 일이든 하루아침에 잘 되지 않으니 착실하게 노력을 거듭해 나가야만 최고가 될 수 있다. 도중에 포기는 절대 금물이다. 끝까지 이루고 말겠다는 자기 의지와 인내 없이는 어떤 일도 성취할 수 없다. 당신이 지금까지 노력한 것이 쌓여 내일의 당신을 만들 뿐이다.

결국 현재 당신의 모습, 말하자면 지위·부·실력·인격·건강 등은 과거부터 지금까지 뿌려온 씨앗의 결과라 할 수 있다.

우리가 지금 느끼고 있는 것이 행복이든 불행이든 그것은 과거 행동의 산물이다. 지금 당신이 운이 없고 불행하다고 생각한다면 그것은 그 동안 시간을 낭비하면서 살았기 때문이다. 반면 오늘 하루가 즐겁고 행복하다면 당신이 시간을 유익하게 보냈기 때문이다. 이렇게 우리가 과거에 했던 행동이 현재를 만들듯이, 미래는 우리가 살아가는 지금 이 순간이 모여 만들어진다. 그렇기 때문에 만약 당신이 불평을 하며 부정적인 일로 대부분의 시간을 보낸다면, 당신의 미래는 불행하게 전개될 것이다. 반대로 무엇인가 생산적인 일을 하면서 하루의 대부분을 보낸다면 당신의 미래는 행복하게 전개될 것이다. 요컨대 자신이 계획을 세운 후에는 흔들리지 않는 의지를 가지고 노력해야 성공이 눈앞에 다가올 수 있다. 그러나 무조건적으로 노력만 한다 해서 성공이 다가오지는 않는다. 때로는 일을 하면서 생기는 힘든 상황에 정면으로 부딪칠 수 있는 단호함이 있어야 한다.

중학교 때의 일이다. 아버지께 공부방을 마련해 달라고 떼를 썼다. 공부방만 있으면 공부를 잘 할 것 같았기 때문이다. 얼마 지나지 않아 곧 큰집을 구입하여 이사를 하였고, 아버지께서는 당연히 공부방을 마련해 주셨다. 그러나 공부방이 있어도 성적은 향상되지 않았다. 말하자면 나 자신이 놓인 상황에 정면으로 맞닥뜨릴 생각은 하지 않고 좋지 않은 환경

탓만 했기 때문에 원하는 성적을 얻을 수 없었던 것이다.

이처럼 현재 당신이 하는 일에 만족하지 못하고 충실히 일하지 않으면 미래도 확신할 수 없다. 직장인도 마찬가지이다.

대부분의 직장인들이 상사와의 마찰로 직장을 이직하거나 다른 부서로 자리를 바꾸기 원한다. 하지만 어느 부서라도 어려움은 있기 마련이다. 따라서 현재 있는 자리에서 원활한 일 처리를 할 수 없다면 자리를 옮겨도 마찬가지 상황이 발생하기 마련이다.

기억하라. 눈에 보이는 쉬운 방법만 찾으려 하고 위험을 피하려 하면 언젠가는 더 큰 위기에 부딪혀 헤어나지 못할 것이란 사실을….

이제, 삶의 구석진 곳에서 빠져 나와 일과 직접적으로 대면해 보라. 정면 돌파는 위기를 돌파하는 최선의 방법이다. 안이하게 살아가려는 생각에 젖어 얕은 삶을 살다보니 사소한 위기에도 쉽게 무너져 버리는 것이다.

사실 누구나 문제를 가지고 산다. 다만 그 문제를 어떻게 받아들이고, 대처하는가에 따라 각자가 맡은 일의 성패가 갈리는 것이다.

현재에 최선을 다하지 못하는 사람, 오늘 하루에 만족하지 못하는 사람, 불평불만 하는 사람은 어떤 일이 주어져도 잘 해 낼 수 없다. 반면 비록 직업에 만족하지 못하는 사람이라 할지라도 하루의 계획을 수립하고 잠자리에 들기 전 그날의 일을 되짚어보면서 다음날 알차게 살아간다면 아무리 어렵고 힘든 일이 발생하더라도 슬기롭게 대처할 수 있다. 항상 기본과 원칙을 중요시하며 하루하루 최선을 다하며 살아가기 때문이다.

이제부터 당신은 모든 가능성을 끌어안은 채 미래를 향해 달려라. 그러면 한 줄기 밝은 빛을 만날 것이다.

인내는 쓰지만 열매는 달콤하다

지능지수가 높고 영리한 아이가 커서도 반드시 훌륭한 인물이 되리라는 보장은 없다. 지난날 텔레비전이나 매스컴에서 천재니 영재니 하는 소리를 들었던 아이들은 현재 어떻게 살고 있는가? 항상 전교 1등을 했던 아이들이나, 지능지수가 높아 최연소 대학생이 된 아이들은 또 어떻게 되었을까?

학교를 졸업한 후 당신 인생을 추적해 보라. 학창 시절 두각을 나타내지 않던 친구들의 상당수가 사회의 우등생 노릇을 하고 있음에 놀라곤 할 것이다. 이는 일찍 머리가 트이고 뛰어난 재능이 있다고 해도 반드시 성공하는 것은 아니라는 사실을 뒷받침해 준다.

사실 학창 시절 순위와 사회생활의 순위가 완전히 달라지는 예는 심심치 않게 찾아볼 수 있다. 부언하면 일반적인 생각과 달리, 학창 시절에는 그토록 공부 잘하고 명석하던 친구가 사회생활에서는 보통 이하로 낙오되는가 하면, 무엇 하나 기대할 수 없었던 열등생 친구가 착실히 노력한 덕분에 마침내 뭇사람들을 놀라게 하기도 한다. 이렇게 당신의 위치를 완전히 뒤바꿔 놓을 수 있는 비밀은 무엇일까? 그것은 수십 년 동안 그들을 노력할 수 있게 한 불굴의 의지이다. 진정으로 큰 꿈과 확실한 철학을 갖고 있는 사람은 기회가 찾아오지 않는다 해서 권력에 굽히거나 사악한 무리와 야합하지 않고 어려움을 참고 견딘다. 또한 일의 실패와 다른 사람의 시선을 두려워하지 않고 확고한 목표를 향해 오직 전진하며, 한때의 불공정한 처사에 연연해하지 않고 견디기 어려운 신체적·정신적 고통을 참아가며 묵묵히 노력한다.

일반적으로 안 좋은 상황이 발생할 때 곧잘 불평과 불만을 토로하기 쉬운데, 부정적인 발언은 자기 자신에게 그대로 돌아와 이롭지 못하므로 큰 뜻을 성취하려면 역경을 견디며 서두르지 않아야 한다.

보통 사람들은 최대한 빨리 부자가 되기를 바란다. 이런 소망은 지극히 인간적이라 할 수 있다. 이제껏 살면서 터득한 것은 어떤 것이든 한 순간에 이룰 수 없다는 것이다. 그러므로 오랜 시간 동안 인내하며 노력해야 한다. 꾸준히 일을 해 나가는 동안에도 때로는 여의치 않은 환경에 부딪혀 실패할 수 있다. 그러므로 급하다고 서두르면 실패할 확률은 그만큼 높아진다.

또한 처음부터 욕심을 부려 중간 과정을 생략하거나 건너뛰면 후에 반드시 그 이상 진도를 나가지 못하는 상황에 부딪쳐 오히려 더 많은 어려움을 겪게 된다. 따라서 공부든 일이든 순리에 따라 한 걸음 한 걸음 나아가야 한다. 또한 한 걸음씩 내딛는 과정에서 작은 일에도 관심을 가지고 최선을 다해야 한다. 지붕의 처마 밑으로 한 방울 한 방울 떨어지는 낙숫물이 바위를 뚫듯 일의 진행 과정 하나하나를 소중히 여겨야 큰 일을 이룰 수 있는 것이다. 특히 경쟁을 할 때는 더욱 조급해지기 쉬우나 그런 때일수록 더욱 인내하는 마음이 필요하다. 반드시 장기적인 목표와 관계 있는지 긴 안목을 갖고 멀리 내다보는 자세를 갖도록 해야 한다.

모든 일에는 거쳐야 할 단계와 순서가 있어서 어떤 일도 단 한 번에 순서를 뛰어넘을 수는 없다. 직장에서 승진하는 것도, 악기를 배우는 것도, 공부로 지식을 축적하는 것도, 사업을 하는 것도 마찬가지이다. 기초부터 시작하여 경험을 쌓는 과정 없이 어떻게 한 분야의 전문가가 될 수 있는 능력을 갖추겠는가?

위대한 업적이란 대개 평범한 하루하루의 노력이 쌓여 이루어지는 것이다. 사실 위대한 발명가나 예술가, 기타 모든 분야에서 큰 업적을 남긴 사람들의 삶에 귀 기울여 보면 우리는 그들 대부분이 자신의 천재성만을 믿지 않고 지칠 줄 모르는 근면과 노력을 발휘한 결과 성공한 것임을 잘 알 수 있다. 요컨대 성공의 비결은 끊임없는 노력에 있다. 당신이 몸담고 있는 분야에 대하여 끊임없이 탐구하다보면 즐거움을 느끼게 된다.

맛있는 음식을 먹으며 즐거움을 만끽하듯 쾌감을 느끼고, 즐거움으로 마음의 설렘으로 나이에 관계없이 밤잠을 설치게 되는 것이다. 따라서 그 때부터는 일에 빠져들어 힘든 줄 모르며 일을 즐기고, 온 정신을 일에 집중한다. 그래서 음악가·화가·서예가 등 우리가 천재리는 위대한 예술가가 탄생하게 되는 것이다.

에디슨[Edison, Thomas Alva]은 "천재는 1퍼센트의 영감과 99퍼센트의 노력에 의하여 이루어진다"고 하지 않았던가? 그의 말에서 알 수 있듯이 꾸준한 노력이 그를 천재로 만든 것이다. 그러므로 노력하는 자세를 몸에 익혀 습관화하는 것이 가장 중요하다.

습관을 만들기는 어렵지만 일단 몸에 익숙해지면 일이 한결 자연스러워지고, 습관화 된 일을 반복하다보면 실력이 향상된다. 아무리 사소한 것처럼 보이는 것도 이러한 노력이 있어야 기본기를 익힐 수 있으며, 나아가 정상의 자리에 우뚝 설 수 있게 되는 것이다. 말하자면 한 계단 한 계단 올라가야 끝까지 오를 수 있는 것이다.

사람은 흔히 반복적인 훈련을 통해 나타날 수 있는 성과를 간과하지만, 사실 반복 훈련은 놀랄 만한 성과를 보여준다. 이를테면 첼로를 켜는 것은 매우 간단해 보여도 실제로 그러한 능력을 얻기 위해서는 10년 이상을 노력해야 한다. 그러면 세계 최고봉인 에베레스트산을 오르려면 준비를 얼마나 해야 할까? 전문 산악인은 15~20년 정도의 시간이 필요하다고 귀띔한다. 이처럼 위대한 성과는 단시일에 얻을 수 없다.

그 누가 단 한번의 고비 없이 삶을 살아갈 수 있을까? 아마 위기 없는 삶은 없다고 해도 과언이 아닐 것이다.

지금까지의 위대한 인물들도 모두 용기를 발휘해 크고 작은 무수한 실패를 이겨냈다. 나폴레옹^{Napoléon}은 그야말로 평범한 외톨이 소년이었지만 나중에 황제의 자리에 올랐다. 뉴턴$^{Newton, Sir\ Isaac}$은 학창 시절 꼴찌에서 두 번째였지만 훗날 천재 과학자로 이름을 날렸다. 상대성이론으로 유명한 아인슈타인$^{Einstein,\ Albert}$도 천재적 요소라곤 전혀 찾아볼 수 없는 아이로 문학과 산수 이외에는 점수가 형편없어 선생님이 그에게 학교를 떠났으면 좋겠다고 말할 정도였다.

한마디로 말해 최고의 길에 나아가려면 시련을 묵묵히 이겨내게 하는 인내력이 필요하다. 눈앞에 보이는 이익을 탐하여 조급해할수록 상황은 점점 어렵게 변해 간다. 반면 난관을 잘 극복하고 궁극적인 이익을 생각하며 행동하면 결국에는 목표를 성취할 수 있는데, 이때 고통을 얼마나 잘 이겨내느냐에 따라 성과의 크기도 달라진다.

만약 우리가 목표하는 바를 정성으로 가꾸며 끈기 있게 수확을 기다린다면 성공의 이삭은 때를 맞춰 그 결실을 맺을 것이다. 그리고 노력에 즐거움을 더 보탠다면 더욱 풍성하고 아름다운 성공을 수확할 수 있을 것이다.

성공이란 단어는 단순하다

집안 분위기를 조성하고 평소 잘못된 삶의 자세를 바꾸는 것만으로도 성공의 첫걸음은 시작된다.

친구나 직장 동료·지인 등의 가정을 우연히 방문할 기회가 생긴다면, 그 집의 분위기를 살펴보라. 집안 분위기를 알면 그 사람이 어떤 마음을 갖고 생활하는지를 알 수 있으며, 나아가 그 가정의 미래까지 어렴풋하게나마 엿볼 수 있다.

그렇다면 꿈을 갖고 열심히 살아가는 사람이나 자녀들이 공부 잘하는 집안의 환경은 어떨까? 한마디로 깨끗하다. 거실의 대부분은 책장이 차지하며 화분 한두 개 정도가 전부로 분위기가 전체적으로 밝다는 공통점을 갖고 있다. 그들의 관심을 엿보면 자녀교육이나 건전한 미래준비 같은 데에만 있다. 반면 집안을 여러 가지 장식품으로 화려하게 꾸미고 사는 사람들의 관심사는 복잡 다양하며 우연하게도 사건·사고와 같은 좋지 않은 일들이 종종 일어난다. 이들은 많은 것을 관리하려고 신경을 다양하게 쓰고 한정된 시간을 나눠서 사용하다 보니 정작 인생에 중요한 일에는 시간을 투자하지 못하는 것이다. 또한 겉으로는 경제적으로 여유로운 생활을 하며 바쁘게 살아가는 착실한 사람으로 보이지만, 그들의 상당수가 정신적인 면보다는 물질적인 면을 중시하고 미래에 투자하기보다는 먹고 즐기고 꾸미는 데 주안점을 둔다는 것을 알 수 있다.

그렇다면 집안은 어떠해야 하는가? 해가 잘 들어 전체적으로 밝아야 한다. 그런데 집의 크고 작음을 떠나 밖에서 집을 바라보면 왠지 초라하거나 음침한 기운이 감도는 집이 있다. 이런 집들도 집안에 사건·사고 등 좋지 않은 일이 끊임없이 생긴다. 따라서 좋은 기운이 감돌게 하려면 거실을 최대한 밝고 단순하게 꾸며야 한다.

우리 선조들이 예로부터 햇볕이 잘 드는 밝은 남향집을 선호한 것에는 집안이 환하여 평안해 보이고 아늑하여 좋은 일이 많이 생기라는 삶의 지혜가 내포되어 있다.

집안에 들어섰을 때 분위기가 침울하다면 환하게 만들되 단순하고 깔끔하게 정돈하라. 집안 분위기가 사람의 성격까지도 변하게 하기 때문이다. 따라서 집을 단순하게, 그리고 환하게 조성해야 좋은 일이 많이 일어난다는 사실을 기억하라.

사회생활을 함에 있어서 승진에 뒤쳐지는 사람의 유형을 보면 대부분 문제가 있다. 그들의 관심은 집안 가꾸는 일에 우선적으로 신경 쓰고 정작 중요한 자신의 승진·성공·자녀교육 등의 중요한 일에 소홀함을 알 수 있다.

살펴본 바와 같이 단순함의 원리는 집뿐만 아니라 사람에게도 적용된다. 어떤 이는 말을 할 때에 유난히 미사여구를 많이 사용한다. 물론 칭찬은 고래도 춤추게 한다는 말처럼, 화려한 언변을 듣다보면 자신도 모르게 상대방에게 경외감까지 느낄 수도 있다. 그러나 미사여구는 듣는 당시에는 좋지만 나중에는 피해를 줄 수도 있는 말이기에 경계하는 것이 바람직하다. 사람의 긴장을 풀게 한 다음 자신이 불리한 위치에 처하게 되면 손해를 끼칠지도 모르기 때문이다.

이제부터 당신은 말을 꾸며 하지 않고 필요한 말을 가려 할 줄 아는 지혜로운 사람을 가까이 하라. 그는 당신을 필요 이상 칭찬하지 않지만 어려운 상황으로 몰고 가지도 않으며, 필요하다면 위급할 때에 도움을 줄 것이다. 당신에게 필요한 사람은 바로 말없이 묵묵히 단순하게 살아가는 사람이다.

성공적인 삶을 살려면 태도 또한 단순화해야 한다. 여기서 행동을 단순화한다는 것은 한번에 한 가지 일을 하는 것을 말한다. 이를테면 공부할 때는 공부에만 집중하고, 음식을 먹을 때는 음식 먹는 원칙에 따라 집중하며 먹는 것이 그것이다. 밥은 꼭꼭 씹으며 반찬은 채소 위주로 골고루 정성을 다해 먹어야, 즉 '단순하게' 먹어야 암이나 성인병에 걸리지 않고 건강하게 오래 살 수 있다.

요즘 학생들을 보면 MP3에서 흘러나오는 음악을 들으며 공부하는데, 이런 방법은 집중력을 떨어뜨리므로 바람직하지 못하다. 또한 텔레비전을 시청하면서 식사를 하는 사람도 많은데, 이것 또한 이유를 설명하지 않아도 좋지 않은 버릇임을 알 것이다.

외형적인 모습 또한 이러한 단순함의 원리에서 벗어나지 않는다. 사람들이 아름답게 가꾸려는 것은 어쩌면 본능일 수도 있다. 하지만 필요 이상으로 화장을 한다든가, 화려하게 몸치장을 하는 등 외형적인 것에만 관심을 두다보면 정작 꿈과 관련된 내면을 가꾸는 데는 소홀해져 성공에 지장을 초래할 수도 있다. 그래서 성공한 사람들의 모습을 보면, 한결같이 간편한 복장에 액세서리 없이 수수하다는 점에서 그들의 철학을 엿볼 수 있지 않을까? 이런 이유로 평소의 식사 습관이나 옷 입는 모습만 보아도 그 사람의 앞날을 대략 짐작할 수 있는 것 아닌가?

살아가면서 흔히 많은 위기에 직면한다. 순식간에 20만 명 이상의 생명을 앗아간 지구촌 최대의 재앙 쓰나미나 지진과 같은 자연 재해, 갑작스런 사업 실패, 실직 등 알 수 없는 시기에 생각지도 않은 어려움을 겪게 되며, 교통사고·직장·가정 등에 사건과 사고가 닥쳐온다. 이러한 위기가 찾아오면 사람들은 자신의 평소 생활 습관대로 대처하기 마련이다. 성실하게 살아온 사람은 성실하게 대처하고 정직하게 살아온 사람은 정직하게 대처하며, 부지런하게 살아온 사람은 부지런하게 대처한다. 단순하게 살아온 사람이라면 하나의 일에 집중하여 정면 돌파함으로써 위기를 슬기롭게 헤쳐 나가게 되어 오히려 위기를 기회로 만든다.

그렇다면 생활을 복잡하게 하는 사람들은 위기에 어떻게 대처할까? 그들도 예외 없이 평소의 생활 습관 대로 위기에 대처한다. 그러나 그들은 어느 하나에 전력투구를 해본 경험이 없기 때문에 위기에 정면 돌파하여 헤쳐 나갈 힘과 용기도 부족하다. 결국 집중력 부족으로 전력투구를 하지 못해 스스로 포기하거나 운을 탓하며 더 큰 구렁텅이에 빠져 헤어나지 못한다. 이런 이유로 우리가 왜 단순하게 살아야 하는지 충분히 설명이 되었을 것이다.

에디슨은 가히 '집중의 황제'라고 불릴 만한 사람이었다. 그는 여든 살이 되어서도 5시간밖에 자지 않고 하루 평균 18시간씩 일하면서 사이사이에 기계학, 화학, 전기에 관한 책들을 탐독하여 내용을 완전히 자기 것으로 만들었고, 나아가 읽은 내용을 토대로 오랫동안 작업에 집중하며 깊이 사색하고 연구하는 능력을 길렀다. 그 결과 그는 일생 동안 3,000여 개를 발명해 냈고, 1,000여 개의 특허를 출원하였다. 당시 미국 경제의 6분의 1이 에디슨의 발명품을 생산하는 데 집중할 정도라고 하니, 그의 발명이 얼마나 방대한 양을 차지했는지를 미루어 짐작케 한다. 이렇게 한 가지에 집중하여 단순하게 살아야 목표를 향해 전력 질주 할 수 있는 것이다.

우리는 하루에 수십 가지 일을 하지만 자신의 꿈과 목표와 관련된 중요한 일은 몇 개 되지 않는다.

그렇다면 목표를 이루도록 돕는 일은 무엇일까? 목록을 만들어 계획대로 실천하는 것이다. 여러 가지 계획을 세워놓고 한번에 실천하려 하기보다는 한두 가지에 80퍼센트 이상의 시간을 투자하라. 예정에 없던 일이 생기거나, 갑자기 돕거나 해결해야 할 문제가 발생하면, 그것에 남겨둔 20퍼센트의 시간을 활용하는 습관을 들여라. 정해진 시간을 한 가지 방향으로 사용하고 한 가지 목표에 집중한다면 분명 성공할 것이다.

자신이 즐겨 하는 여러 활동을 하루에 내치는 것은 어렵다. 그럼에도 불구하고 좋아하는 것을 포기하고 하나의 꿈에 매달릴 수 있다면, 성공은 어느새 당신의 곁에 다가와 있을 것이다.

정직함의 이치를 아버지로부터 배웠다

아버지는 늘 '사람은 정직해야 한다'고 말씀하셨다. 또한 초등 학교 때 선생님 역시 정직의 중요성을 늘 강조하셨다. 그런데 우리가 신이나 성자가 되지 못해서일까? 그 시절에는 그런 말들이 마음에 와 닿지 않았고, 청소년기를 지나 성년이 되고 사회생활을 하면서 정직하게 사는 사람은 손해와 피해를 보게 되는 것만 같았다. 하지만 이제 지천명이 되어서야 비로소 정직함이 이롭다는 것과 아버지께서 말씀하셨던 의미를 깨닫게 되었다.

대략 80퍼센트의 사람들이 빠르게는 10년 느리게는 20~30년 안에 한 번 이상 중대한 인생고를 겪는다는 통계가 있다. 실직이나 부모의 질병 또는 사망, 자녀의 뜻하지 않은 사고, 갑작스런 교통사고 등 예상치 못한 일의 발생이 그것이다. 우리는 앞날을 내다볼 수 없기에 예고 없이 찾아오는 이런 시련을 피해갈 수는 없지만 극복해 낼 수는 있다. 이때 특히 정직하지 않은 사람일수록 위기를 겪는 횟수가 잦고 위기의 규모도 더 크다. 말하자면 정직한 사람일수록 시련을 더 슬기롭게 극복하는 것이다.

이를테면 해마다 발생하는 태풍이나 홍수로 인한 자연재해는 미루어 두고 예상치 못하게 발생하는 엄청난 재해를 보자. 2007년 태안 앞 바다 기름 유출로 인한 인근 지역주민의 피해가 그것인데, 이러한 재해가 발생하면 정부 또는 보험회사 등과 같은 관련 당사자는 보상 대책을 마련한다. 이때 보상의 정도는 과거 세금 납부 실적을 기준으로 삼는데, 세금을 많이 납부한 사업주는 그에 상응하여 보상금을 많이 받는 반면 세금 납부 실적이 미미한 사업주는 보상금을 적게 받는다. 제도가 이렇다 보니, 정직하게 꼬박꼬박 납세 의무를 지킨 납세자는 보상금으로 피해 복구에 유용하게 사용할 수 있게 된다.

잠시 눈을 돌려 선진국 사람들을 보자. 그들은 어떠한가? 대부분 세금을 정직하게 납부한 결과 재해가 발생했을 때 수령한 보상금만으로도 어느 정도 복구할 수 있다. 그러나 우리의 현실은 재해 발생 후 받는 보상금은 보통 기대 수준에 미치지 못하여 어려움을 겪는다. 이는 번 만큼 세금을 제대로 납부하지 않음을 주된 요인으로 꼽을 수 있다. 결국 정직함이 최상의 방책임을 깨닫지 못한 것에서 비롯된다. 이렇듯 정직함은 개인뿐만 아니라 기업을 경영하는 데서도 없어서는 안 될 덕목 중

하나이다.

내친김에 1977년 B기업은 창사 이래 최대의 위기를 맞이했다. 그 해 7월 8일, 400㎜가 넘는 기록적인 폭우로 인해 공장에 물이 들어왔다. 그로 인해 설상가상으로 기계는 멈추었고, 판매할 제품마저 없었다. 그러자 관련 업계에서는 B사는 이제 끝났다라는 말이 돌았다. 하지만 전 직원이 복구에 나서고 거래처를 비롯한 주변 회사가 재기에 큰 힘을 보태주면서 4개월만에 공장을 정상 가동하게 되었다. 이는 B사 사장의 정직함과 성실함을 믿었기 때문에 거래처에서는 제품 값을 선지급 해 주었을 뿐만 아니라 주위에서도 십시일반 성금을 보내준 덕이 컸다.

성공이란 이처럼 사람의 덕목을 가꾸는 것에서부터 시작한다. 소비자나 가까운 주변 사람들이 보아서 우직하다 할 정도로 정직하게 사업을 해야 한다. 그럼에도 불구하고 우리는 주위에서 불법을 자행하거나 질서를 어지럽히는 등 수단을 가리지 않고 돈을 벌어 부유하게 사는 사람들도 볼 수 있다. 그들은 자기의 이익을 위하여 다른 사람을 곤궁에 빠트린다. 이런 사람들을 보면 순간 남을 속이고 편법을 사용해야 많은 돈을 벌거나 성공할 수 있을 것이라는 생각이 드는 반면 정직한 사람은 항상 손해를 보고 있다고 착각하기 쉽다.

그런데 보이는 것만이 전부가 아니다. 겉보기에는 그럴 수도 있지만 그들은 보이지 않는 부분에서 온갖 힘든 생활을 떠 안고 있다. 따라서 정직함만이 성공을 위한 최우선 조건임을 기억해야 한다. 어쩌면 정직하게 살고 있는 당신이 처음에는 요령이 없고 답답하게 보였을지 모르지만 당신의 그 정직함은 점차 널리 알려져 반드시 성공하게 될 것이다.

한 지역 신문의 기사를 옮겨와 보자. 개업한 지 3년이 지난 지금도 떡집을 잘 운영하고 있는 A씨가 있다. 그는 소비자를 절대 속이는 법 없이 정직하게 영업을 한다. 떡 재료를 구입할 때도 최고의 국산 원료를 사용하며, 질 나쁜 재료를 권하는 미곡상이 있으면 설령 그곳과 오랫동안 거래를 유지해 왔더라도 그 거래처와 거래를 끊을 정도로 질 나쁜 재료는 절대 쓰지 않는다. 그래서인지 떡 맛이 좋다는 소문이 나 영업이 날로 번창하고 있다.

이렇듯 개인이나 기업이나 큰돈을 벌거나 성공하기 위해서는 정직할 필요가 있다. 정직하지 못하면 가장 중요한 때, 즉 크게 성장하고 큰돈을 벌 수 있는 때에 성공의 문턱을 넘지 못하고 좌절하고 만다.

물론 정직하게 사업을 하는 사람에게도 시련은 있다. 그렇다면 시련은 누구에게나 찾아오는 데도 불구하고 왜 정직하게 살아야 할까? 정직하게 살면 하늘은 스스로 돕는 자를 돕는다고 했듯이 시련을 지혜롭게 극복할 수 있기 때문이다.

사회생활에서도 정직함은 그 힘을 발휘한다. 상사도 머리 좋은 아랫사람보다는 정직한 사람과 같이 일하는 것을 선호한다는 통계도 있다. 아랫사람 또한 정직한 상사와 일하고 싶어한다는 자료도 있다. 여기서 정직함은 승진의 궁극적인 원동력이 된다는 점에서 중요하다.

정직하지 못한 사람은 어느 정도 위치까지는 빠르게 승진하는 것처럼 보이지만, 먼 훗날에는 정직한 사람이 훨씬 높은 자리로 올라간다.

사람은 끝이 아름다워야 한다. 또한 노년이 아름다우려면 정직하게 살아가는 것이 최선이자 최고의 방법이다. 살아감에 있어 많은 돈을 벌 수 있는 기회가 있다 해도 눈앞의 이익에 눈이 멀어 현실과 타협하면 안 된다. 당장은 큰돈을 버는 것 같아도 정식하시 않은 행위로 빈 돈은 쉽게 사라지고, 시간이 지나 진실이 밝혀지면 주변 사람들도 서서히 떠나게 되기 때문이다.

살펴본 바와 같이 물질적인 부의 축적을 위해서도 정직은 꼭 필요하다. 하지만 무엇보다 중요한 것은 정직이란 마음을 비우고 정신적인 가치에 집중할 때 삶에 없어서는 안될 소중한 가치로 비로소 다가오기 때문이다. 마음의 평화 하나만으로도 정직해야 할 이유는 이미 충분한 것이다.

우리는 정말로 정직할 필요가 있다. 이는 정직하지 않을 때 정신적으로나 신체적으로 좋지 않은 일이 생기지 않을까 하는 두려움 때문이 아니라, 우리가 정직할 때 비로소 마음에서부터 뻗어나가는 진정한 자신감을 느낄 수 있기 때문이다.

천천히 그리고 한결같이 하라

우리나라 사람들은 '빨리 빨리'의 풍토 속에서 자라왔다. 그래서일까? 식사도, 승진도, 경제 성장도 남보다 빨라야 하는 것이 이미 미덕으로 자리잡은 지 오래이다.

돈을 버는 방법 또한 예외가 아니다. 많은 사람들이 하루아침에 벼락부자가 되기를 꿈꾸며 복권을 사거나 도박을 하고, 증권 객장에서 많은 시간을 보낸다. 또한 부동산에 열렬한 관심을 쏟으며, 항상 돈 걱정은 하지 않아도 될 것 같은 부자들을 동경하며 일확천금을 꿈꾼다.

그렇다면 우리들이 동경하는 대부분의 부자들은 어떻게 부를 축적해 왔을까? 보통의 생각과는 달리 자신의 돈을 1년에 10퍼센트 정도 증식하는 방식으로 안전한 투자를 하며 오늘날의 부를 서서히 축적해 왔다는 사실을 알면 놀라게 될 것이다. 그들은 돈을 쉽게 벌려고도 하지 않았으며, 또 단기간에 부자가 되려는 생각도 하지 않았다.

요컨대 현재 부자라고 일컫고 있는 사람들의 재산은 티끌 모아 태산이라는 자신만의 원칙을 갖고 인내하며, 때로는 남들이 보기 답답할 정도로 일관성 있게 한 우물을 파며 살아온 결과물이다. 그들은 투기나 모험을 하지도 않았으며 돈을 빨리, 쉽게 버는 지름길을 기대하지도 않았다. 그 결과 그들의 돈은 매년 늘어나 자신들도 모르는 사이에 백만장자가 된 것이다.

요컨대 진정한 부란 오랜 시간 노력하여 천천히 쌓아 가는 사람들의 것이라고 할 수 있다. 말하자면 오랜 시간 노력하여 부자가 되었다 해서 그들이 걸어온 길이 순탄했던 것만은 아니다. 부자로 가는 길의 도중에 달콤한 돈의 열매를 얻기 위해 거쳐야 될 여러 가지 장애물이 존재했음이 그렇다.

보통은 돈을 축적하는 과정에서 저마다 비슷한 문제가 발생하게 된다. 부자들과 이야기를 하다보면 한 가지 공통점, 일종의 패턴이 있다는 사실을 발견할 수 있는데, 속도를 적당히 조절하는 기술이 그것이다. 따라서 사업을 할 때는 빠른 성장도 요구되지만 속도가 빠르면 더 크게 자주 여러 곳에서 부작용이 발생할 위험이 높기 때문에 속도를 조절하면서 내실에 충실할 필요가 있다.

돈을 벌 때에도 문제는 발생한다. 이를테면 내가 돈을 벌게 되면 필연적으로 누군가는 힘들고 어렵게 된다. 말하자면 돈에는 욕망·분노·슬픔·질투 등 여러 가지 에너지가 혼재되어 있다. 이때 그 에너지를 능숙하게 다루지 않으면 어니선가 문제가 발생하는데, 다음과 같은 불행이 그것이다.

첫째, 어렵게 살다가 많은 돈을 벌어들인 순간 이혼을 하거나 큰 사고 또는 암과 같은 중병에 걸린다. 둘째, 매스컴의 스포트라이트를 받을 때 가족이 사고를 당한다. 셋째, 많은 돈이 벌리기 시작하면 부인과는 소원해진다. 넷째, 부동산을 매입한 후 교통사고를 당한다. 다섯째, 투기를 통해 거액을 번 후 가족 중 누군가가 갑자기 사망한다. 여섯째, 재산을 상속받은 후 사기·사고를 당한다.

사람들 눈에는 부유한 사람들의 좋은 점만 보이지만, 그들도 다른 사람들과 마찬가지로 인생에 어두운 그림자가 있기 마련이다. 주변에서 일어나는 사건·사고를 깊이 헤아려 보면 돈과 연관되지 않은 것이 거의 없다는 것을 알 수 있다.

주지하다시피 돈이란 요물과 같아서 갑작스럽게 큰돈을 벌면 쉽게 나가는 구멍도 만들어 놓아야 한다. 그렇지 않으면 가족 중 누군가는 크게는 사망에서부터 작게는 사고를 당하는 불운을 겪게 된다. 특히 돈을 빨리 벌고 싶으면 그만한 대가를 치를 각오를 해야 한다.

사건·사고는 가깝게는 2년 내로 길게는 몇 십 년 후에 뒤따라온다는 것을 명심하라.

부모로부터 물려받은 상속이나 직장에서의 출세도 예외는 아니다. 특히 출세의 경우 주위 동료들의 인정을 받아서가 아닌 윗사람에 잘 보여 출세하는 사람은 반드시 좋지 않은 일이 뒤따라오게 된다. 심지어 자녀까지 나쁜 영향을 받는 경우도 있다.

따라서 열심히 노력하여 서서히 벌고 성실하게 저축하여 오랜 시간을 거친 후에 가정의 평온과 더불어 진정한 부를 이루어야 한다. 이렇듯 오랜 시간을 이겨낸 후 성공했거나 부자가 된 사람들을 보면 그 사람이 어떻게 살아왔는지를 알 수 있다. 정직하고 성실하게 살아온 사람들은 극소수를 제외하고는 대부분 50대 이후가 되어야 부자가 되거나 성공을 한다. 보통 사람들은 전성기를 몇 년 유지하지 못하지만 이들은 전성기를 유지하는 기간이 상당히 길다. 또한 이때 누리는 성공과 부는 자녀에게 자연스럽게 이어져 내려간다.

성공은 과거 당신이 어떻게 살아왔느냐에 따라 달라진다. 과일이 때가 되어야 무르익어 그 열매를 수확할 수 있듯이, 큰 성공을 이루고자 할수록 큰 부를 축적하고자 할수록 많은 시간이 필요하다는 사실을 알아야 한다. 따라서 빠른 것만이 좋은 것이 아니라는 사실을 명심하라.

성공을 향해 부는 바람은 긍정적이다

산에서 자라나는 나무를 유심히 살펴보라. 남쪽으로 난 가지가 유난히 더 융성하게 자란 것을 볼 수 있다. 실내의 화분 역시 햇볕이 잘 드는 쪽이 더 잘 자라는 것을 보게 된다. 자연의 이치가 이러한 것처럼, 사람도 부정적이고 우울한 사람보다는 긍정적이고 밝은 사람의 주위에 많이 모인다. 그럼에도 불구하고 우리는 언제부터인가 버릇처럼 부정적으로 생각하며 부정적인 말을 하고 매사 자신의 생각대로 되기를 원한다. 그래서일까? 일이 뜻대로 되지 않으면 화부터 내거나 상대방을 배려하지 않는 이기적인 태도를 보인다.

자녀를 키우는 부모는 자녀에게, 직장인은 직장에서 주위 사람에게 오늘 하루 동안 어떤 반응을 보였는가를 생각해 보라. 아마 긍정적인 반응보다는 부정적인 반응을 훨씬 많이 보여주었을 것이다. 이때 부정적인 태도는 자신을 망가트리는 첩경과 같음을 기억하라.

싸움을 하거나 상대방과의 갈등으로 화가 난 상태에서 사람의 침은 어떤 변화를 보일까? 실험 결과, 놀랍게도 침에서 뱀의 독보다 더 강한 독성 물질이 검출되었다. 잔뜩 약이 올라 있는 사람의 침에서 황소 수십 마리를 죽일 수 있는 어마 어마한 독성물질이 검출되었다는 보고가 그것이다. 이는 우리 몸에 있는 물의 성분을 분석해 봐도 잘 알 수 있다.

우리 몸의 70퍼센트를 차지하는 물은 감정의 영향을 크게 받아 긍정적인 생각을 하면 혈액이 육각수의 형태를 유지하지만, 부정적인 생각을 하면 혈액이 찌그러지고 불안한 형태로 변하여 인체에 해로운 영향을 미치게 됨이 그렇다. 이 사실은 인간이 배출해 내는 감정 에너지가 놀라울 정도로 몸에 큰 영향을 미치는 것을 잘 말해 준다.

'행복해서 웃는 것이 아니라 웃어서 행복하다'는 말이 있다. 이 말은 행복과 불행은 우리들의 마음에 달려 있다는 것을 시사한다. 똑같은 일을 하면서도 불평불만을 갖고 하는 사람이 있는가 하면 즐거운 마음으로 하는 사람이 있다. 두 사람은 같은 시간을 살지만 하루를 보내는 방식은 판이하게 다르다. 하기 싫다고 생각하면 1시간이 지루하게 여겨지지만, 긍정적인 생각으로 일을 하면 하루 종일 일을 해도 피곤한 줄 모르게 된다.

당신은 어떤 부류의 사람인가? 지나고 나서 생각해 보면 중요한 일도 아닌데 상대방에게 화를 내거나 피곤하다며 짜증을 낸 적은 없는가? 화를 내다고 상황이 달라지지 않는다. 뒷날 생각해 보면 십중팔구 자신의 행동을 후회하게 된다. 이로 미루어 볼 때 긍정적인 생각이 성공적인 삶의 첫 걸음이 됨은 당연하다. 따라서 긍정적으로 생각하며 긍정적으로 사는 것은 결국 자기 자신을 위한 일이 된다.

긍정적인 생각은 좋은 일을 가져와 집에서는 웃음꽃이 피어나게 하고 직장에서는 일하기 좋은 분위기를 조성하게 된다.

할 수 있다는 긍정적인 생각을 습관으로 가지고 있는 사람은 삶이 행복하다. 하지만 부정적인 생각에 물들어 있는 사람은 삶이 어둡고 미래가 발전적이지 못하다. 이런 사람은 보통 이기주의적인 성격을 가지고 있으며, 매사 '안 돼' '어려워' '불가능해' 등 부정적인 말을 자주 하여 좋지 않은 일을 습관처럼 달고 살아간다.

우리들 삶의 모든 것은 자신의 생각대로 이루어진다. 똑같은 일도 안 된다고 생각하면 이루어질 수 없고, 불가능한 것처럼 보여도 가능하다고 생각하면 이루어진다. 따라서 매사 불평불만과 반대에 익숙한 당신이었다면 지금부터 아이를 위해서라도 생각을 바꿔 매사 긍정적으로 살라. 몸이 건강하지 않은 사람 또한 부정적인 생각을 지우고 모든 일에 감사하며 즐거운 마음으로 살아가면 건강을 되찾을 수 있다.

우주에는 나쁜 기氣와 좋은 기가 혼재 되어 있다. 우리 주변에서 일어나는 일을 들여다보면 좋은 일보다 나쁜 일이 더 많이 일어나는데, 이는 우주에 좋은 기보다 나쁜 기가 더 많이 분포되어 있기 때문이다. 우리가 부정적인 생각을 하면 우주 공간에 떠 있는 나쁜 기가 몰려와 나쁜 일이 일어나지만, 타인을 돕거나 온정을 베풀면서 살아가면 좋은 기가 모여 좋은 일이 많이 일어나게 된다. 이것이 긍정적인 사고를 가져야 하는 이유이다.

이와 같이 긍정적 사고를 하는 것도 하루아침에 이룰 수 없다. 반드시 연습이 필요하다. 그래서 수시로 긍정적인 생각을 하고 타인을 배려하며 화를 내지 않는 연습을 해야 한다. 그렇게 하다보면 서서히 자신의 말이 긍정적으로 바뀌는 것을 느낄 수 있다. 이를 보통 습관화하기까지는 1년 정도의 기간이 소요된다.

성공하고 싶으면 성공한 사람의 그림자를 밟으며 생활하라는 말처럼 사람은 어울려 지내는 사람의 태도를 자신도 모르는 사이에 닮아간다.

당신이 항상 명랑하고 쾌활한 사람과 더 많은 시간을 보내게 되면 상대방의 긍정적인 생각이 조금씩 자신에게 옮아서 긍정적인 태도를 가질 수 있다. 반면 당신이 부정적인 사람과 지내다 보면 자신도 모르는 사이에 부정적인 사고를 하는 사람이 될 수 있다.

삶의 동반자, 선진국형 여가활동

주 5일 근무로 여유가 생기자 사람들은 각자 다양한 취미 활동을 하게 되었다. 각자의 성향에 따라 가치를 두는 활동이 다르지만, 이왕이면 휴일을 어느 한 가지 활동으로 보내는 것보다는 시간을 분배하여 생산적인 활용을 여러 개 하는 것이 좋지 않을까 한다.

그래서 나는 휴일 하루를 온통 취미 생활로 보내기에는 너무 아깝다는 생각에서 시간을 분배한다. 먼저 1시간 30분 정도 강도 높게 운동을 한다. 그런 다음 바쁜 일과로 평소에 만나지 못한 지인을 만나거나 부모님을 찾아 뵙는다. 그리고 특별한 일이 없는 한 도서관에서 독서를 하거나 영어 회화를 공부하는 등 자기계발에 매진한다. 이렇게 주말과 휴일도 계획을 세워 활용하면 얼마든지 유익하게 보낼 수 있다.

사실 여러 활동을 계획하여 실행한다 해도, 파괴적인 활동보다는 생산적인 활동이 가정에 행복을 가져다줌을 기억해야 한다. 종교를 떠나 사냥과 낚시 같은 취미 생활을 즐겨 하는 사람들의 경우 가정에 사건·사고와 같은 불미스러운 일이 자주 일어나거나 가족 중에 누군가는 건강이 좋지 않은 것을 보아왔다. 이것이 과학적으로는 증명되지 않은 사실이라 해도 건전한 취미 생활이 가정에 평화를 주는 것은 분명한 듯하다.

따라서 낭비성 취미 생활을 하기보다는 가치 있는 건전한 취미 생활을 할 것을 권한다. 이를테면 휴일에 특별한 일이 없으면 라디오 듣기, 신문 보기, 독서하기, 일기 쓰기 등이 그것이다. 따라서 한번쯤 당신의 취미 생활을 되돌아보고, 파괴적 취미 생활을 하고 있다면 건전한 생활로 바꿔 보라. 이를테면 운동을 하거나 봉사활동을 하는 등의 여가활동을 찾아보면 얼마든지 유익하고 즐거운 것이 많다.

직업을 선택할 때에도 마찬가지이다. 자르고, 부수고, 깨트리는 쪽보다는 상대방을 기쁘게 할 수 있는 생산적인 직업을 택해야 가정이 평화롭고 자식 대에도 좋은 일이 많이 생긴다.

이렇게 자신이 건설적이고 짜임새 있는 취미활동을 한다면 평화롭고 풍족한 삶이 펼쳐질 수 있다. 그러나 우리가 평탄한 생활을 하고 물질적으로 윤택함을 누릴 때, 그것이 진정한 삶의 가치가 될 수 있을까? 만약 당신이 삶에 안주하려 하지 않고 보다 높은 정신적인 가치에 도달하려 한다면, 삶은 물론이며 취미로 삼는 활동 또한 달라져야 한다. 그래서 이때 필요한 활동이 '선진국형 취미 생활'이다.

그렇다면 선진국형 취미 생활은 어떤 특징을 갖고 있는가? 사회의 발전 단계를 크게 셋으로 대별할 수 있다. 첫째는 기본적인 욕구인 생존의 단계이며, 둘째는 먹고 놀고 즐기는 단계, 셋째는 의미와 가치를 추구하는 단계가 그것이다. 후진국이 첫째 단계와 둘째 단계를 맴도는 사회라고 한다면, 선진국은 이 두 단계를 모두 지나 셋째 단계로 넘어가는 사회라고 할 수 있다.

여기서 첫째 단계는 가장 기본적인 삶의 단계를 말한다. 이 단계에서는 삶의 고통을 면하는 것이 우선이기 때문에 철학, 오락, 행복, 삶의 의미나 가치 등을 묻는 것은 거의 의미가 없다. 우리나라는 일제 강점기와 6.25전쟁을 겪으면서 생존의 첫 단계를 뼈저리게 경험했다. 그 후 '잘 살아보세'라는 새마을 노래를 부르면서 많은 부모들이 배우지 못한 서러움에 자식들 뒷바라지에 희생을 해야 했고, 꽁보리밥에 물을 말아먹으며 보릿고개의 배고픔을 이겨내야 했다. 그리고 이러한 희생의 대가로 나라가 고도성장의 문턱에 들어서면서 절대 빈곤이 해소되자 드디어 둘째 단계로 들어서게 되었다. 생존이 어느 정도 해결되면 치열하게 살아왔던 시대에 대한 보상심리가 맞물려 누구나 삶을 즐기고 싶어하기 마련이다. 우리나라도 마찬가지로 그 동안 고도 성장의 기치 아래 입을 것 못 입고 먹을 것 못 먹으며 허리띠를 졸라매면서 일한 결과 둘째 단계에 올라서자 예전과 비교가 안 되게 소비성향이 높아지기 시작했다. 이는 주말이나 연휴가 되면 많은 사람들이 차를 몰고 나와 고속도로는 주차장을 방불케 하며, 어느 유원지를 가도 다양하고 고급스런 음식점이 입구에 즐비하게 늘어서 있는 것을 보면 알 수 있다.

그런데 선진국이라고 불리는 나라를 다녀왔다면 알 것이다. 미국의 나이아가라폭포[Niagara Falls], 그랜드캐니언[Grand Canyon National Park] 등 세계적인 관광지뿐만 아니라 이들 나라 어느 곳을 가더라도 한국처럼 음식점이 많은 곳을 본 적이 없다는 것을.

그렇다면 지금 당신은 생계유지에 급급한 후진국형, 먹고 즐기는 중진국형, 의미와 가치를 추구하는 선진국형 취미 생활 중 정신적으로 어느 단계의 취미 생활을 하고 있는가? 당신이 후진국형이나 중진국형 취미 생활에 머물러 있다면, 삶의 질을 높일 수 있는 선진국형 취미 생활을 할 수 있도록 현재의 취미를 바꾸어라. 진정한 삶의 행복은 자신의 의미와 가치를 찾는 데 있기 때문이다.

인간은 자아실현으로 자신의 가치와 의미를 찾는다. 이때 취미 생활도 자아실현과 같은 방향을 따라야 자신을 온전히 찾을 수 있다.

자아실현욕구[Self-Actualization Needs]는 매슬로우[Abraham H Maslow]의 자기 계발 단계에서 제일 높은 5단계에 해당되는데, 이 경지에 오른 사람은 외로움으로부터 도망치지 않는다. 사실 이 부류에 속한 사람은 무엇을 하더라도 혼자 있을 때 가장 능률이 오르고, 행복함을 느끼며, 항상 삶 자체를 즐기고 감사하며 산다.

일반적으로 자아실현 욕구를 충족했다고 하더라도 혼자 지내는 시간이 많은 사람들은 외로울 거라고 생각하지만 그렇지 않다. 자아실현 욕구가 충족된 사람들은 정신적으로 건강한 사람들로서 누구와도 잘 어울리며, 독립적일 뿐만 아니라 사회생활도 문제없이 해나간다.

이제 당신 자신에게 질문을 해보라. 혼자 있는 것이 외로운가? 만약 그렇다면 자아를 실현하지 못한 것이다. 따라서 당신 내면을 취미 생활과 연계하여 10년 이상 꾸준히 계발해 간다면 자아실현이 가능한 경지에 올라서서 일할 때나 놀 때나 혼자서도 행복할 수 있는 능력을 갖게 된다.

행복을 연구하는 전문가는 좋은 직장과 멋진 결혼, 성공과 부 등의 환경적인 요인은 사람을 행복하게 하는 조건의 10퍼센트 정도밖에 차지하지 않는다고 한다. 말하자면 이런 것은 행복의 조건이 아니며 정작 사람을 행복하게 하는 것은 심리학에서 사용하는 매슬로우 욕구 5단계 삼각형의 최상위 단계인 자아실현, 긍정적인 사고, 배려하고 베풀기, 친절 등 정신적인 건강을 위한 실천이다.

행복하기 위해서는 대단한 결심이 필요하지 않다. 행복하기 위한 조건은 누구나 다 갖고 있는데, 다만 그것을 깨닫지 못할 뿐이다. 따라서 당신은 다른 사람이 갖고 있는 것을 부러워하기 전에 당신의 마음속에 행복의 파랑새가 있다는 것을 알아야 한다. 숲 속의 봉황보다는 당신 손안의 참새가 훨씬 더 중요한 법이니까.

일기는 생활의 예금통장이다

일기는 학창 시절의 방학 숙제 중에 빠지지 않는 단골 메뉴였다. 그때는 일기의 중요성을 몰랐기 때문에 방학 내내 놀다가 방학이 끝나 갈 무렵 방학 생활을 한꺼번에 쓴 기억이 있다.

누구나 인정하는 사실이지만, 일기를 쓰는 것은 아주 좋은 습관이다. 오늘 하루를 반성하고 내일을 준비할 수 있게 하기 때문이다. 하지만 정작 일기를 쓰는 사람은 극소수에 불과하다. 이유는 여러 가지가 있겠지만 무엇보다 삶에 구체적인 목표를 가진 사람이 적기 때문에 그렇다. 혹자는 시간이 없다는 구실을 대고, 또 더러는 일기를 어떻게 써야 할지 모르겠다고 말한다. 하루라도 빠짐없이 펜을 잡아야 한다는 부담감에 겁부터 내는 것이다. 그러나 일기를 쓰려면 먼저 마음의 부담을 없애고,

목표를 세워 효율적으로 달성하고자 하는 생각을 가져야 한다.

학창 시절에는 보통 선생님의 강요에 의하여 일기를 쓰지만 궁극적으로 일기란 보람된 생활을 위해 쓰는 것이다.

흔히 사람들은 일기는 날마다 써야 한다는 부담감을 가지고 있다. 물론 매일 매일 쓰는 것이 최상이지만, 그렇지 않다면 일주일 중 며칠만 써도 좋고, 최소한 1년의 3분의 1 이상인 주말에만 써도 좋다. 일정한 형식을 지켜야 한다거나 매일 매일 써야 한다는 의무감이나 장황하게 잘 써야 한다는 부담을 가지고 있다면, 그리고 그 때문에 엄두가 나지 않아 일기 쓰기를 망설인다면 이런 것들은 전혀 신경 쓰지 않아도 된다. 일기는 부담 없이 쓰는 자신의 기록이기 때문이다. 따라서 어떤 형식이나 틀에 구애 받지 않고 자기만의 스타일대로 쓰거나 한눈에 하루의 시간을 어떻게 보내는지 알 수 있을 정도로 간단 명료하게 써도 좋다.

뭐든지 처음 시작할 때가 가장 어려운 법이다. 그러나 1년만 꾸준히 쓰다보면 일기 쓰기는 자연히 몸에 배어 습관이 된다.

그러면 어떻게 쓰는 일기가 자기 자신에게 좋을까? 자신이 추구하는 목표에 초점을 맞춰 쓰는 것이 가장 이상적이라 할 수 있다. 그러다보면 자신이 목표를 향해 가고 있는지 그 생활을 반성할 수 있게 된다. 그리고 잘못된 부분은 고쳐나가면서 서서히 목표에 다다를 수 있게 된다. 이를테면 가정에서는 주부들이 가사 활동을 위해 가계부를 써 나가는데, 궁극적으로는 가계부도 가정생활에 있어 재정적인 분야의 일기라 할 수 있다.

가계부를 쓰는 것이 당시에는 중요하지 않은 것처럼 보여도 이는 작은 부자가 될 수 있는 길이 되며, 노후에 가장 중요하다고 할 수 있는 노후대책까지 자연스럽게 준비해 주는 예금통장과 같은 것이다. 티끌 모아 태산이라는 말과 같이 하루하루 조금씩 아껴 쓴 돈이 몇십 년 후에 큰돈이 되는 것과 같은 이치이다. 따라서 가계부를 쓰는 것은 쓸데없는 낭비 요인을 없애서 살림을 알뜰하게 꾸릴 수 있게 한다.

개인 사업가나 직장인들도 마찬가지이다. 일기를 쓰면서 쓸데없는 시간 낭비 요인을 제거하고 남는 시간을 생산적으로 활용할 수 있게 된다. 마라톤을 하는 사람도 매일 매일 연습 시간과 뛰는 거리를 기록하며 마라톤 일지를 쓴다. 이렇게 하면 연습량도 늘고 자세도 교정하다 보면 아마추어 마라토너의 꿈의 기록인 sub3 기록을 달성할 수 있게 된다. 또한 건강이 좋지 않은 사람에게 일기는 건강을 회복할 수 있는 발판이 되기도 한다. 이는 건강 상태를 체크하며 규칙적인 생활을 기록하고 인체에 해로운 인스턴트 식품을 멀리하는 대신 몸에 좋은 신선한 채소와 과일을 가까이 하다보면 건강을 되찾을 수 있기 때문이다.

나는 7년 전부터 일기를 쓰기 시작했다. 매년 해가 저무는 11월부터는 다음 해의 목표를 어떤 것으로 할까 고민하며 연말을 맞이하는 데 10년 전 그 해는 목표를 일기 쓰기로 정한 것이다. 그러나 첫 해의 굳은 결심은 1월 9일이 되자 무너지고 말았다. 그렇게 1년이 지나갔고 다음 해에 올해는 꼭 쓰겠다는 자신과의 약속을 하고 써 보았지만 2월 중순까지밖에 쓰지 못했다. 또 그렇게 한 해가 지나가고 다음 해가 되어서야 가까스로 9월 중순까지 쓸 수 있었다. 결국 그 다음 해에 1년을 채울 수 있었다. 그런 후부터 자연스럽게 일기를 쓰게 된 것이 지금까지 이어오고 있다.

이렇게 일기를 쓰면서부터 내 자신이 달라지고 있다는 것을 느끼자 해가 거듭될수록 시간을 더 알차게 보내게 되었다. 매일 일찍 일어나 새벽 운동도 하고, 일요일이면 도서관에 가 책을 보는 등 모든 생활이 180도 변한 것이다. 그 결과 2002년부터 1년에 100여 권 이상의 책을 읽었으며, 2005년부터는 매년 150여 권의 책을 읽고 있으며, 2007년에는 매일 영어 공부를 하고 1시간 이상 운동을 하면서도 200여 권 이상의 책을 읽었다.

방법은 하루를 어떻게 보냈는지를 간단하게 기록하는 데, 기상 시간, 책 읽는 시간, 잠자는 시간, 모임에서 보내는 시간 등을 시간별로 기록하기 때문에 하루 내지 한달 간의 생활을 한눈에 볼 수 있다. 이것은 시간을 낭비하지 않게 돕는 역할을 한다. 특히 오늘의 일기와 전년도 일기장을 비교할 때 그 효과는 더 커진다. 시간을 낭비하지 않고 알뜰하게 보내야겠다는 생각을 갖고 살다보니 해가 거듭할수록 독서하는 시간이 많아졌다. 또한 별도로 독서 노트를 마련하여 그날 읽었던 부분 중에서 인상적인 글귀는 메모를 한 후 업무에도 활용하고 가까운 지인과도 공유한다. 그러는 사이 좋아하던 텔레비전 시청 시간도 줄고 감기를 달고 살다시피한 허약한 몸을 강인한 몸으로 만드는 등 달라진 점이 한두 가지가 아니다.

이때 당신은 이러한 것들을 실천하기에 앞서 사소하게 보이는 매일매일의 습관 하나가 위대한 작가나 심오한 철학자, 그리고 백만장자를 만들 수 있음을 깨달아야 한다.

세계에서 가장 많이 판매되고 있는 자서전의 저자인 벤자민 프랭클린 Benjamin Franklin은 50년 이상 일기를 썼다. 그는 매일 13가지 덕목을 정하여 실행했는가 하지 못했는가를 체크했다. 1주일마다 13가지 덕목 중 한 가지를 집중적으로 실천하려고 노력한 시간 관리와 자기 관리 습관은 그 자신에게만 한정되지 않고 지금까지도 우리들에게 귀감으로 여겨지고 있다.

일반적으로 일기를 지속적으로 쓰다보면 자신의 발전된 모습을 발견하게 된다. 발전이란 하루를 반성하고 똑같은 일에 대한 시행착오를 줄이는 과정에서 일어나며, 이 과정에서 일기는 단연 효율적인 방법이 된다. 일기를 쓴다는 것은 그날 일어났던 일을 반성하고 내일 일을 계획하는 밑거름이 된다. 이러한 생활 습관을 갖고 살아가면 어느 정도 시간이 지난 후에는 자신이 성장하고 있다는 것을 느낄 수 있게 된다. 또한 일기를 쓰는 것은 그 자체로도 중요한 습관이 되지만 모든 것을 생각하면서 살아갈 수 있다는 것에 더 큰 의의가 있다. 이렇게 매사 생각하는 습관을 갖는다면 실패하는 횟수도 적어진다.

대부분의 사람들은 60대가 되면 모든 것을 포기하고 뚜렷하게 하는 일 없이 시간을 보낸다. 그러나 늦었다고 하기 전에 일기를 쓰며 하루를 알차게 보내는 것은 어떨까? 조그만 일기장이 우리의 인생을 바꾸어 놓을 것이 분명하기 때문이다. 아침에 일어나면 일기장을 펼쳐 오늘 할 일을 계획하고 밤에는 다시 그 일기장을 펼쳐 하루를 되짚어보고 더불어 다음 날 계획을 세우는 생활을 해보라. 지금 작은 일기장을 펼쳐들고 미래에 대하여 고민해야 성공의 문턱에 다다를 수 있기 때문이다.

매일 매일 목표를 갖고 계획을 세우고 반성하며 단순한 생활을 한다면 화살같이 지나는 시간을 보다 천천히 그리고 보람되게 보낼 수 있다. 사람들은 종종 50대는 시속 50km로 지나가며, 60대는 60km로 빠르게 지나간다 말한다. 실제로 젊었을 때 하루는 빨리 가고 1년은 늦게 가는 것처럼 느껴진다. 하지만 나이가 들게 되면 반대 현상이 일어나 1년은 어떻게 지나가는지 모르지만 하루는 지루하다시피 간신히 지나간다. 왜 그렇게 느껴질까? 나이를 먹으면 시간을 받아들이는 것도 변하기 때문이다. 말하자면 생체 시간은 느리게 가고 물리적인 시간인 1년은 쏜살같이 지나간다. 하지만 하루는 축 늘어져서 느리게 간다. 뇌가 그 동안 익숙한 활동을 잊어버렸기 때문이다. 따라서 인생을 다양한 관심으로 꽉 차게 만들어야 한다. 요컨대 꿈을 갖고 사는 사람들의 공통점은 하루는 빠르게 지나가는 반면 1년은 지루할 정도로 느리게 지나간다는 것이다.

내가 한참 운동할 때 느낀 점과도 같다. 몇 년 전만 해도 마라톤대회가 혹한기나 혹서기에는 개최되지 않았다. 그래서 늦은 가을부터 겨울철 언덕훈련[700m 정도 경사진 언덕을 가슴이 터져라 하며 7회 반복 전력질주 훈련]과 스피드 훈련

같은 강도 높은 동계 훈련을 열심히 하면서 이듬해 3월에 처음 개최되는 봄대회를 기다린다. 그런데 그 시간이 왜 그렇게 지루하게 느껴졌는지….

매 순간 열심히 살아가는 사람도 연말을 무척 기다린다. 젊었을 때 열심히 노력한 사람 또한 노년을 기다린다. 그래서 연말이, 노년이 되면 그 동안 열심히 노력한 결과가 나타나 가슴 벅찬 뿌듯함을 맛보기 때문일 것이다.

일기를 쓰며 자신의 시간을 관리할 때, 종종 한 달의 차이나 1년의 차이는 눈에 보이지 않고 느끼지 못할 정도로 하찮게 보일지 모른다. 그러나 조금씩 쌓이고 쌓여 3년이 되고 5년이 되고 10년이 되면 어느새 한 분야의 전문가가 되고도 남을 시간이 생기는데, 그때 나타나는 차이는 그 누구도 따라잡을 수 없게 된다.

이처럼 일기를 쓰는 습관이 시간을 저축하게 하고, 저축된 시간이 모여 당신을 만들어간다면 넋 놓고 시간이 흘러가는 것만을 바라봐서는 안 된다. 인생에서 값진 무언가를 이루고 싶다면 꿈을 이루기 위해 필요한 일을 성실하게 해야 한다. 그리고 이 일에도—운동을 하든 악기를 다루든 간에 상관없이—거쳐야 할 단계가 있다. 처음엔 누구나 초보자로 시작하지만 계속 하다보면 어느 정도 수준에 이르는 중급을 거쳐 최고의 전문가, 즉 고수에 이르게 된다. 바둑을 예로 든다면 초보자인 하수에서 유단자인 고수의 단계에 올라서는 것을 말한다.

독서에도 수준이 있기는 마찬가지이다. 시류에 편승하여 책을 읽거나 남들이 읽으니까 읽는 책은 초보자의 독서법이라 할 수 있다. 초기에는 이렇게 주로 베스트셀러 위주로 책을 읽지만 중급 수준이 되면 자신만의 도서 선정법이 생기고 책을 읽는 방법도 터득하게 된다.

또한 이 시기에는 독서 노트를 활용하기도 하고, 책 읽는 속도도 빨라지는 등 독서 전반에 대하여 노하우를 쌓을 수 있다. 여기서 조금 더 노력하여 고급 수준에 이르면 효율적인 독서법을 터득할 줄도 알고 글쓰기를 할 줄도 알게 된다. 이는 자신이 읽은 책에 대하여 평가하고 대안을 제시할 수 있는 단계로, 말하자면 객관적인 시각에서 글을 쓸 줄 아는 단계에 올라선 것이라 할 수 있다.

시작이 반이라는 말이 있다. 이는 시작의 중요성을 일깨우는 말이다. 따라서 지금 당장 빈 노트를 준비하여 오늘 무엇을 하겠다는 한 줄의 말이라도 써 보라. 그러면 이미 당신은 성공의 문턱에 한 걸음 다가선 것이다.

인생은 당신이 생각하는 방향을 따른다

금년에도 어김없이 명절이 돌아올 것이다. 그런데 명절만 되면 많은 여성들이 앓는다. 이름하여 명절 증후군이 그것이다. 그래서일까? 명절에서 해방되었으면 하고 구실을 만들고자 안간힘을 쓴다. 하지만 생각을 잠시 바꾸면 핑계를 대면서까지 회피할 일도 아니다. 명절 또한 가족을 위한 행복한 날이라고 긍정적으로 생각하면 얼마든지 즐겁게 맞이할 수 있기 때문이다.

모 은행원 이청규 씨는 주말에 종종 노인센터에서 자원봉사를 한다. 그는 이때 어떻게 하면 상대가 좀더 편하게 하루를 보낼까 생각하면서 미소로 시작한다는 것이다. 이는 엄격히 말하면 그와는 전혀 관계없는 잘 알지도 못하는 사람들을 위한 행위이다. 그럼에도 불구하고 그는 즐거운 마음으로 봉사를 한다. 이는 마음 깊숙한 곳에 사랑이라는 이름이 자리잡고 있기 때문이다.

자신과 관계없는 사람들을 위한 봉사 활동도 이러한데 하물며 사랑하는 가족과 친지를 향한 행위는 어떠해야 할까? 당연히 더할 나위 없이 커다란 기쁨이자 행복한 마음으로 임해야 할 것이다. 따라서 돌아오는 명절부터는 긍정적인 생각으로, 말하자면 자신의 솜씨를 한층 뽐낼 수 있는 기회라는 생각으로 음식을 준비 해보라. 그 음식은 몇 배로 더 맛있고 몸에 유익할 것이다.

직장인들도 마찬가지로 긍정적인 마음을 가지고 일을 하라. 당신은 눈으로 보고 귀로 듣는 것뿐만 아니라 무엇을 생각할지에 관해서도 신중해야 한다. 당신이 어떤 생각을 하면, 즉 보이지 않는 큰 에너지가 작용하여 당신 마음은 생각이 있는 곳으로 끌려가 평상시 생각한 대로 삶이 펼쳐지게 된다. 인생의 방향을 어느 곳으로 선택할지는 당신의 자유이다. 하지만 인생의 방향은 당신이 생각하는 방향을 따른다는 것을 명심해야 한다. 항상 긍정적이고 즐거운 생각을 하면 주위에 즐거운 일이 많이 생기고 긍정적인 사람이 모여든다.

또한 당신의 생각은 감정에도 영향을 미쳐서 행동에 드러나게 되므로 낙심과 파괴적인 생각, 두려움과 걱정과 의심, 상대방 불신 등 당신의 마음을 언짢게 하고 불안하게 하는 생각이 들면 재빨리 머릿속에서 떨쳐버려라. 인생의 성공과 실패가 모두 당신 마음에서 비롯되기 때문이다.

긍정적인 생각을 가지고 있는 한 당신은 절대 절망할 수 없다. '경영의 신'으로 불리는 마쓰시다 고노스케의 일화에 귀 기울여 보라.

> 그는 가난하게 태어났다. 그 때문에 초등학교 4학년 중퇴가 그의 학력의 전부가 되었지만 그는 배우지 못한 것을 탓하지 않았다. 그리고 근검 절약을 실천하며, 인재 양성에 온 힘을 쏟았다. 그런 그는 몸이 천성적으로 약한 탓에 일찍부터 건강의 중요성을 인식하여 긍정적 사고와 규칙적인 생활 습관 덕분에 아흔다섯 살까지 건강할 수 있었다.

성공한 사람들은 보통 사람들과 똑같이 평범하게 시작하거나 더 어려운 역경으로부터 출발했다. 좌절의 경험도 누구보다 더 많이 겪어야 했다. 하지만 그들은 똑같은 사안에 대해서도 긍정적으로 생각하고, 위기가 닥쳐도 피하지 않으며 그 뒤에는 반드시 좋은 결과가 있다는 신념으로 고통을 극복했다는 점에서 보통 사람들과 달랐다. 요컨대 성공한 사람들은 똑같은 상황이라도 어려움을 긍정적으로 받아들여 기회로 삼았다.

사람들은 평소 생활 태도를 가벼이 여기지만 이러한 것이 미래의 성공을 좌우하는 토대가 됨을 잊지 마라.

이제 당신 생각도 긍정적으로 바꾸어라. 아침저녁으로 시간이 날 때마다 화장실에서 손을 씻고 거울을 보며 '나는 행복하다' '즐겁다' '재미있다' 등의 긍정적인 말로 자신의 감정을 조절하면 긍정적인 마음이 서서히 자리를 잡게 된다.

우리 뇌는 말의 지배를 98퍼센트 정도 받아서 어떤 말을 하느냐에 따라 그 말을 실현할 준비를 하며, 우리가 말한 것이나 상상한 것을 실현하기 위해 애쓴다. 따라서 행복한 모습을 상상하며 웃으면 내 몸도 그렇게 되기 위해 함께 노력한다는 것이다.

실제로 언어학자들은 똑같은 말을 10,000번 정도 반복하면 현실로 이루어진다고 말한다. 이렇듯이 말이 주는 영향으로부터 자유로울 수 있는 사람은 없다. 강철왕 데일 카네기도 말이 주는 놀라운 효과를 잘 알고 실천하여 성공한 사람 중의 하나이다. 그는 '나는 행복하다, 나는 건강하다, 나는 부자다'라는 말을 수십 년 동안 수도 없이 외치며 살았다. 그 결과 그는 행복하고, 부유하고, 건강한 인생을 살 수 있게 된 것이다.

삶의 모든 일이 그러하다. 무슨 일이든지 처음에는 어색하고 잘 되지 않지만, 자꾸 반복하다보면 쑥스러움과 어색함이 점차 사라지고 자신도 모르는 사이에 마음이 바뀌게 된다.

마음이 평온하고 행복하다는 것을 느끼면 당신의 얼굴은 밝아지고 편안하게 보인다. 그러면 당신이나 가족들에게도 좋은 일이 일어나기 시작한다.

일찍 시작하는 사람이 되라

"**당신이** 새라면 아침에 일찍 일어나야 한다. 그래야 벌레를 한 마리라도 더 잡아먹을 수 있을 테니까. 하지만 당신이 벌레라면 아주 늦게 일어나야 한다. 그래야 살 수 있을 테니까"라고 쉘 실버스타인 Shel Silverstein 은 말한다.

어느 때부터인가 아침형 인간이 좋다는 주장이 거세더니 또 어느 순간부터 저녁형 인간이 더 좋다는 말도 나오는 등 아직도 유형별 인간의 장단점에 대한 논란이 많다. 이는 어떠한 이론이나 전문 지식에 근거하여 탄탄한 주장을 펼치기보다는 자신의 처한 입장에서 주장하기 때문이다. 그러나 양측 모두 나름대로 의학적 논리를 제시하고 있어 어느 한쪽이 옳다고 말하기는 곤란하다.

아침형 인간은 새벽 시간을 유효 적절하게 활용하고, 저녁형 인간은 저녁 시간을 활용하여 일한다면 일의 능률과 집중력을 높이는 방법으로 시간을 효율적으로 사용할 수 있다. 이러한 개인별 특성으로 인하여 자신의 몸에 맞는 생활이 가장 좋다고 생각할 수 있지만 신체적・정신적으로 삶을 유익하게 보내려면 무엇보다 몸의 몇 가지 특성을 알고 잘 활용해야 한다. 그렇다면 그 특성은 무엇인가?

첫째, 인간은 자연의 일부이다. 신체적으로 볼 때 우리 몸은 수 만년 동안 해가 지면 잠자리에 들고 해가 뜨면 일어나는 것에 익숙해 왔고, 그러한 생활 습관에 젖어 있는 조상들의 DNA 유전인자를 갖고 있다.

자고로 인간은 자연의 일부로, 자연에 어긋나는 생활을 하면 언젠가는 그에 상응하는 대가를 받는 것이 자연의 법칙이다. 따라서 자연 환경의 순리에 맞게 여름에는 늦게 자고 일찍 일어나며, 겨울에는 일찍 자고 늦게 일어나는 생활을 하는 것이 바람직하다. 해가 뜬 이후에 일어나는 사람은 지금은 건강할지라도 그 건강을 오래 지속할 수 없다. 해가 떠오를 때 좋은 기운을 받지 못해 온몸에 기가 제대로 돌아가지 않기 때문이다. 따라서 아침에 일찍 일어나서 태양의 기운을 받고 열심히 일하는 것이 건강을 유지하는 비결이자 성공의 첫걸음이라 할 수 있다. 일찍 자고 일찍 일어나면 건강과 부와 지혜를 얻는다는 말처럼, 가난과 부지런함은 물과 기름같이 서로 상극을 이룬다.

둘째로, 우리 몸은 낮에는 세라토닌 호르몬을 분비하고 밤에는 멜라토닌 호르몬을 분비하는 체계를 갖추고 있다. 멜라토닌이란 수면 및 어린이들의 성장과 관계가 있는 호르몬이다. 불면증이나 시차 적응으로 잠이 오지 않을 때 먹는 약의 주 성분이기도 한 멜라토닌은 해가 지면 분비되기 시작하여 밤 10시에서 새벽 2시 사이에 최고로 분비되기 때문에 이 시간대에는 잠을 자는 것이 건강에 좋다. 특히 성장기 청소년들은 이 시간대에 잠을 자야 두뇌가 발달하고 키 크는 데 지장이 없다.

멜라토닌은 사람의 뇌 중앙 부위의 팥알만 한 기관인 송과선에서 분비된다. 멜라토닌의 분비 주기를 일생에 걸쳐서 보면 어릴 적에는 멜라토닌을 많이 분비하여 잠을 많이 자게 된다. 그리고 16세에 그 분비량이 최고치를 보이고, 16세 이후부터 분비량이 점점 줄기 때문에 60대쯤에는 일찍 자고 일찍 일어나게 된다. 이때 하루에 멜라토닌의 분비량이 어떻게 변하는지 보면, 낮에는 송과선에서 멜라토닌을 거의 분비하지 않다가 해가 지면서부터 점점 분비량이 많아지다 아침에 가까워지면서 다시 줄어들다 아침 6시쯤 분비가 끊긴다. 이때 우리는 잠에서 깨어나는 것이다.

셋째로, 사람은 체온이 낮을 때 숙면을 취할 수 있다. 사람의 체온은 낮 2시에 최고조에 달하고 반대로 한밤중에 최저가 된다. 밤에는 체온이 2도 정도 낮아지며 낮에 몸에 퍼져 있던 혈액의 일부가 자연스럽게 내장으로 모이기 때문에 활동을 삼가고 휴식을 취하는 것이 좋다. 이렇게 밤 동안 피로를 풀고, 아침에 일찍 일어나기 위해서는 가급적 약속 시간을 늦은 밤으로 하지 말아야 하며, 술을 마실 때도 과음을 삼가고 일찍 귀가

해야 한다. 그러면 가족들과 대화도 할 수 있고, 과음으로 인한 건강의 피해를 줄일 수 있는 일석이조의 효과를 볼 수 있다.

그렇다면 어떻게 아침형 인간으로 거듭날 수 있을까? 일단 아침형 인간이 되는 것은 일찍 일어나는 일에서부터 시작된다. 아침에 일찍 일어나기 위하여 준비해야 할 것은 무엇인가?

첫째, 전날 저녁 새벽에 할 일을 계획한다. 잠자기 전날에 다음날 새벽에 일어나서 운동·독서 등과 같은 일거리를 마련해 두는 것이 좋다. 일어나서 할 거리가 없다면 특히 겨울철의 추운 날에는 이 핑계 저 핑계로 자신을 합리화시켜 일찍 일어나기가 쉽지 않기 때문이다.

둘째, 일찍 잠을 잔다. 일찍 일어나게 되면 새벽부터 활동을 시작하기 때문에 저녁에는 몸이 쉽게 피로해져 자연히 일찍 잠자리에 들게 된다. 친구나 직장 동료 또는 사업상 사람을 만날 때도 가급적 일찍 만나도록 하며, 빠른 기상으로 피곤을 느낄 경우 잠자는 시간을 신축적으로 조정하여 일어나는 시간을 맞추도록 한다.

셋째, 텔레비전을 시청하지 않는다. 텔레비전을 시청하다 보면 잠자는 시간이 늦어질 뿐만 아니라 눈의 피로도 쌓여 아침에 일어나는 데 지장을 받는다.

넷째, 과식을 하지 않는다. 과식을 하면 몸이 무거워져 늦잠을 자게 되고 일어나기도 쉽지 않다. 따라서 저녁 식사는 적당량을 먹고 야식은 먹지 않는 것이 바람직하다.

다섯째, 과음하지 않는다. 과음하면 다음 날 일찍 일어나기가 쉽지 않을 뿐만 아니라 숙면에도 지장을 주어 하루 종일 피곤함을 느낀다.

여섯째, 잠자기 1시간 전에 물을 마신다. 이때 자신의 몸에 맞는 물을 마시면 일석이조의 효과를 볼 수 있다. 위가 약하여 소식하는 소음인은 따뜻한 물을, 몸에 열이 많은 소양인은 차가운 물을 마시도록 한다. 이렇게 잠자기 1시간 전에 한 컵의 물을 천천히 마시면 건강에 좋다. 이뇨작용이 활발하여 아침 일찍 일어나는 것을 돕는 것이 그것이다.

성공한 사람들은 대부분 아침을 소중하게 생각하고 잘 활용한다. 그들은 특히 새벽 시간을 효율적으로 사용하는데, 이때의 효율성은 낮 시간의 3배에 달한다. 특히 아침에는 밤 시간 동안의 긴 휴식으로 인하여 두뇌가 맑아 창의력이 활발히 작용하는 때여서 아침을 최대한 유용하게 활용할 수 있다. 이러한 여러 이득 또한 중요하지만 일찍 일어나는 습관을 가져야 하는 이유는 무엇보다 건강을 유지하기 위함이다.

우리나라와 일본의 100세 이상 노인 90퍼센트가 저녁 일찍 잠자리에 들고 새벽 일찍 일어나는 습관을 하고 있다. 새벽에 일찍 일어날 수 있다는 것은 결국 자신을 지배할 줄 안다는 의미이다. 그 결과 육체적으로 건강한 것은 당연하다.

하지만 낮보다 밤에 머리가 상쾌하고 기분이 좋은 사람들은 굳이 아침형 인간으로 바꿀 필요는 없다. 이들은 저녁에 일을 열심히 하여 성공하는 유형이기 때문이다. 그러나 성공과는 별개로 몸의 건강을 생각한다면,

아침형 인간으로 바꾸어야 몸을 건강하게 유지할 수 있다.

요컨대 주말, 평일에 관계없이 우리는 일찍 일어나 시간을 유용하게 보내야 한다. 아침에 일찍 일어날 때도, 직장에 출근을 해야 하는 의무감에 지뿌둥한 감정으로 일어나는 것이 아니라 긍정적인 마음을 갖고 자율적으로 일어나야 한다. 일찍 일어나 활동하는 사람은 건강하고 생동감 있는 얼굴로 열심히 살아가기 때문이다. 직장에서도 출근하는 순서를 보면 평직원들보다 직급이 높은 간부들이 훨씬 일찍 출근한다.

결론적으로 말해 아침이 당신의 하루를 좌우하는 것은 분명한 사실이다. 따라서 아침을 당신의 생각 아래 두고 자유자재로 활용한다면 당신은 성공과 건강이란 열쇠를 동시에 쥘 수 있게 되는 것이다. 이 기회를 한번 당신의 것으로 만들어 보라.

삶의 30퍼센트가 선사하는 기적 활용하기

사람의 일생 중 휴일이 차지하는 비중이 얼마나 될까? 주 5일 근무를 기준으로 계산한다면, 한 사람의 인생에서 휴일이 차지하는 비율은 무려 30퍼센트 이상이다. 이는 대략 1주일의 30퍼센트가 주말에 포함된다는 말이다.

금요일 퇴근 시간부터 월요일 출근 시간까지와 국경일·명절·여름 휴가 등 자유롭게 활용할 수 있는 이 시간을 당신은 어떻게 보내는가?

과거 경제 수준이 낮은 시기에는 많은 사람이 무엇보다도 일을 우선시하였다. 자기 자신을 돌보는 일은 생각지도 못하고 오로지 먹고살기 위하여 일에 매달렸던 것이다. 심지어 일주일에 한 번 있는 일요일마저도 직장에 출근하는 것이 다반사였다.

하지만 이제 시대가 변하여 급속한 경제 발전으로 가계가 윤택해짐에 따라 육체 노동을 하는 노동자는 점차 줄고 첨단산업이나 서비스업에 종사하는 사람이 급격히 증가했다. 더불어 삶의 방법도 달라지기 시작했다. 여전히 일을 삶에서 중요하게 생각하지만, 한편으로는 가족과 자신의 삶의 균형을 이루기 위해 노력하는 사람도 많이 늘어났다는 말이다.

사람들은 이제 일보다는 삶의 가치를 중요시하고, 인생을 풍요롭고 즐겁게 보내고 싶어한다. 최근에는 평균수명이 증가하여 노후에 대한 관심이 급속도로 커지고, 저마다 인생에 변화가 있기를 꿈꾸면서 주말뿐만 아니라 새벽 시간을 활용하여 자신의 삶을 질적으로 향상시키는 사람이 늘어나고 있다. 이렇게 저마다 자신의 가치를 높이고자 노력하므로 결과적으로 사회에서는 치열한 경쟁이 펼쳐진다. 때문에 이런 사회에서는 노력하지 않으면 도태되거나 낙오되기 마련이다.

당신은 시간을 어떻게 사용하며 미래를 위해 어떤 준비를 하고 있는가? 이제는 당신 자신의 시간을 효과적으로 활용해 미래를 준비해야 할 시기이다. 어차피 하루하루는 빠르게 지나가며 그 하루, 즉 오늘을 어떻게 보내느냐에 따라 노후의 행복이 결정되기 때문이다.

현실에서 물러나 조용히 당신의 삶을 뒤돌아보라. 자의든 타의든 예순 살에 이르러 정년을 맞이하게 될 때 느낄 상실감과 충격을 완화하도록 당신의 소일거리를 찾아야 한다. 많은 사람이 해보지도 않고 할 일이 없다고 고민만 하고 있을 때 당신은 적성에 맞고 흥미 있는 자신만의 일을 얼른 찾아야 한다. 운동을 좋아하는 사람은 운동 관련 분야에 관심을 갖고, 글 쓰기를 좋아하는 사람은 글 쓰기 준비를 하고, 자원 봉사를 원하는 사람은 자원 봉사 단체에 가입하는 등 자기 적성에 맞는 일을 찾는 것이 그것이다. 여유가 생긴 시간에 자격증 공부에 주력하면서 경력에 대한 막연한 불안감을 해소하는 것도 심리적으로 좋은 효과를 낼 수 있다. 또한 어학 공부와 같은 목적 의식이 희박한 학습은 피하고 자신이 맡고 있는 업무 영역에서 과제를 구체적으로 뽑아서 준비하는 것이 중요하다. 이렇게 자신이 해야 할 일을 정했으면 다음은 계획을 세워 하고자 하는 일에 시간을 투자해야 한다. 하지만 계획 없이 주말을 보내고 나서 생각하면 보통 제대로 한 것도 없이 시간만 허비했다는 생각이 들 것이다. 특별히 한 것도 없는데 또 다른 주말이 시작되는 등 이런 생활이 반복되면 주말을 활용해서 할 수 있는 일도 별로 없다고 생각하기 쉽다.

스무 살 이상 전국 성인을 대상으로 한 통계청의 2004년 생활 시간 조사에 따르면 대부분이 주말에 평소 모자랐던 잠을 보충하기에 바쁘며, 외국어 공부·자격증 취득 등 자기 관리를 위해 자기계발에 투자하는 사람이 일반인 20명 중 1명에 그쳤다. 일부는 가족이나 취미·클럽 동호회와 함께 산이나 바다로 취미 생활을 즐기러 가지만 여타 사람들과 다름없이 자기계발에는 인색했다.

또한 휴일에는 무엇을 하며 지내느냐는 질문에 하는 일 없이 빈둥빈둥 지낸다는 답변이 직장인에게서 압도적으로 많았다.

우리나라 대부분의 사람들이 치열하게 경쟁하며 살다보니 평일은 눈코 뜰 새 없이 바쁘다. 그래서 휴일에는 평소 모자란 잠을 보충하느라 보통 잠을 자게 된다. 결론적으로 주말을 효과적으로 보내지 못하는 것이다. 문제는 아이들조차도 이런 부모의 행동에 익숙해져서 같은 행동을 한다는 데 있다. 따라서 당신이 성공하려면 주말을 생산적으로 활용해야 한다. 물론 하루아침에 자기계발에 관심을 갖기는 어렵다. 그러나 이제부터라도 주말에 1시간씩만 일찍 일어나 텔레비전과 컴퓨터·오락은 멀리하고 악기를 다루거나 책 읽는 습관을 들이는 등 당신의 인생을 위해 시간을 투자해 보라. 몇 년만 이러한 생활을 하다보면 그 어떤 일을 하더라도 자신감이 생겨 성과와 만족을 느끼게 된다. 그리고 이 마음가짐으로 꾸준히 한다면 한 분야에서 전문가가 될 수 있다.

　누구든 첫술에 배부를 수는 없다. 처음 시도할 때는 힘들고 어렵지만 시행착오를 겪다보면 조금씩 향상되고 있음을 느낄 수 있을 것이다. 즉 이렇게 조금씩 생각을 바꾸어 계획을 세우고 반성을 하며 실천하다 보면 풍요로운 인생을 만들어 갈 수 있다. 따라서 당신은 이제부터 삶의 30퍼센트를 잘 활용하여 인생의 주도자가 되어 보라.

텔레비전을 끄면 성공의 불이 켜진다

현대인은 틈만 나면 텔레비전을 끼고 산다. 주부는 남편과 자녀가 집을 나서면 습관적으로 리모컨을 찾고, 남편과 아이들도 집에 들어오기가 무섭게 텔레비전 채널을 돌린다. 이렇듯 텔레비전이 우리 거실의 중앙을 점령하면서 우리 가정의 삶을 바꾸어 놓았다. 텔레비전은 가족에게서 대화와 놀이, 책을 빼앗아 가는 주범이 된 것이다.

그러면 텔레비전을 1주일에 하루만이라도 켜지 않으면 어떨까? 덤으로 생긴 시간 덕으로 집안은 활기가 넘친다. 늘 바쁘다고 하던 남편은 집안일을 돕기도 하고, 더욱이 공부에 관심이 없던 아이는 책을 가까이 하게 된다. 또 마음이 편안해지고 대화하는 시간이 많다보니 가족 간에 애정도 생긴다.

요즘 청소년들의 비행이나 탈선이 증가하는 원인 중 하나가 과도한 텔레비전 시청임을 상기한다면 가급적 텔레비전을 시청하는 시간을 줄이는 것이 바람직하다. 텔레비전의 내용도 시청률을 높이기 위해 과거보다 더 선정적이고 폭력성이 짙다. 말하자면 아이들이 봐서는 안 될 내용이 더욱 많아졌다는 이야기이다.

그렇다면 이에 대한 선진국의 양상은 어떠한가? 오래 전부터 텔레비전 안 보기 운동을 전개할 정도로 텔레비전 시청에 경종을 울리고 있다. 게다가 텔레비전을 많이 본 아이일수록 폭력에 길들여질 뿐 아니라 집중력과 사고력, 창의성이 떨어지는 것으로 확인되자 미국소아과학회는 아이들의 텔레비전 시청을 극력 말리고 있다. 특히 만 2세 미만의 아이에게 텔레비전을 보여주면 뇌 형성에 장애가 생겨 말이 늦어지고 지능 발달이 더디며 사회성이 뒤쳐질 가능성이 높아 되도록 시청을 금하고 있다.

그럼 국내 전문가의 의견은 어떤가? 그들 말에 귀 기울여 보라.

숙명여대 아동복지학과 서영숙 교수는 "지나친 텔레비전 시청이 아이들에게 언어 발달 장애, 신경증, 발달장애 등을 초래하는 데도 많은 부모들은 마치 일찍부터 텔레비전이나 비디오 등 시청각 자료를 접해야만 뇌가 깨어난다고 잘못 생각하고 있어 안타깝다"고 우려를 표한다. 또한 연세대 의대 소아정신과 신의진 교수는 아이들의 성장에 미치는 텔레비전의 위험성에 대해 "아이는 생후 8~9개월부터 부모는 물론 주변 사람들과 상호 작용을 하면서 사회성을 배운다. 이 시기에 텔레비전이나 비디오 시청과 같은 강렬한 빛의 시각적 자극을 받으면 정상적인 뇌 발달이 어려워질 수 있다. 성인이면 누구나 알다시피 텔레비전은 중독성이 강하기 때문에 어린 나이에 텔레비전에 빠질수록 나중에 약물·담배·술 등에 중독될 가능성이 높아지며, 어린 시절 과도하게 텔레비전을 시청하면 상상력을 키우지 못하고 수동적인 인간이 될 수도 있다"고 경고한다.

본질적으로 감정의 기능은 텔레비전이나 비디오로는 학습이 불가능하며, 사람이나 자연과의 교류를 통해서 배울 수 있는 법이다. 따라서 어릴 때부터 텔레비전이나 비디오에 빠져 자란 아이는 수동적이고 일방적인 정보만 전달받을 뿐, 뇌 발달에 필수적인 상호작용의 자극을 받지 못해 지능이 떨어질 수밖에 없다. 요컨대 텔레비전은 아이들의 지능을 떨어뜨릴 뿐만 아니라 생각하는 힘까지 빼앗는다. 따라서 이제부터 어떻게 해야 하는지는 당신의 판단에 맡기겠다.

성인들에게도 사고력은 인생의 성공을 가늠하는 중요한 요소이다. 이때 인류 역사상 위대한 업적을 남긴 위인들은 보통 사람들은 불가능하다고 여기는 것조차 가능하다고 믿는 상상력의 힘으로 여러 큰 업적을 남길 수 있었던 것을 명심하라.

직장인들 대부분은 퇴근하면 쌓인 피로를 푼다는 명분 하에 텔레비전 채널부터 돌린다. 사실 두뇌를 과도하게 사용한 직장인에게 잠깐 동안의 텔레비전 시청은 휴식이 될 수도 있다. 하지만 텔레비전을 시청하다보면 금방 그 속에 빠져들어 요리조리 채널을 돌리며 몇 시간씩 파묻혀 있게 되므로 문제가 되는 것이다.

　통계청 발표에 의하면 우리나라 성인들의 주중 평균 텔레비전 시청 시간은 2시간 22분, 주말에는 3시간 27분을 넘는다. 미국 하버드 대학교의 프랭크 후 박사의 연구 보고서에 의하면 "텔레비전을 보는 시간이 매일 2시간 이상이 되면 당뇨병과 비만 위험에 노출되기 쉽다"는 것이다. 이는 텔레비전을 볼 때 앉은 채 몸을 전혀 움직이지 않아 바느질을 하거나 보드게임 또는 자동차 운전을 할 때보다 혈액순환이 낮기 때문이다. 또 텔레비전을 오랫동안 보는 사람은 당뇨병이나 심장병과 관련 있는 고칼로리, 고지방 식품을 좋아하는 나쁜 식습관을 가진 경우가 많았다. 이러한 식습관은 텔레비전에 음식 광고나 먹는 장면이 많이 나와 식욕을 자극하기 때문에 먹을 것을 찾는 버릇이 들어 발생하는 것이다. 이처럼 텔레비전은 우리가 모르는 사이에 건강까지 좀먹고 있다.

　전술한 바와 같이 요즘은 대개 텔레비전이 거실의 중앙에 있는 것을 볼 수 있다. 이것은 그만큼 텔레비전이 생활에서 차지하는 비중이 높다는 증거이다. 하지만 이제부터는 거실의 중앙에 자리잡은 텔레비전을 치우고 그 자리를 책장으로 채워 보라. 처음에는 가족 모두 안절부절못할 것이다. 새벽에 일어나 텔레비전을 켜달라고 보채는 아이도 있을 것이며, 남편은 인터넷 게임을 찾고 부인은 드라마 내용을 궁금해할 것이다. 그러나 시간이 흐르면 텔레비전 없는 생활에 익숙해지게 된다. 이를테면 텔레비전 앞에서 밥 먹고 숙제하는 등 하루 종일 텔레비전 앞에 붙어 살다시피

한 아이들도 자기 방에서 스스로 숙제를 하거나 공부를 하며 자연스럽게 책과 가까이 하게 된다.

먼 나라이긴 하지만 캐나다의 가정을 엿보자. 이 나라 대부분의 가정에서는 텔레비전을 시청하는 일이 거의 드물다. 저녁 식사 후 디저트를 먹으면서 대화를 하거나 부모가 아이들의 숙제를 봐주기도 하고, 음악을 듣거나 독서를 하면서 시간을 보낸다. 이러한 단계에 오기까지는 무엇보다 부모의 역할이 크다. 따라서 부모부터 텔레비전 시청을 자제한다면 자연히 아이들도 부모를 닮아 텔레비전을 멀리하고 심심함을 달랠 다른 방안으로 책을 읽어 자연히 책 읽는 습관을 갖게 된다. 나아가 이는 스스로 공부하는 습관으로 이어져 성적이 향상되어 사교육비가 줄어들며, 자연 원하는 대학에 진학할 수 있다.

'자기를 계발할 시간이 없다' '우리 아이는 공부를 못 한다' '우리 집은 가난하다'고 말하기 전에 당신이 얼마나 텔레비전과 가까이 하고 있는지를 한번쯤 되돌아봐야 한다.

대부분의 사람이 보통 하루에 2시간 이상씩 텔레비전을 시청한다. 평균수명을 여든 살로 한다면 10년 이상을 텔레비전 앞에서 보내는 셈이 된다. 그런데 불행하게도 텔레비전 시청은 자기계발을 하는 데 보내는 시간이 아니다. 다른 사람의 인생을 구경하며 낭비한 시간이나 다름없다.

이를테면 당신은 운동선수들이 자기가 좋아하는 운동을 즐기며 경기하는 모습을 시청하는 데 힘들게 번 돈을 쓰고 있다. 그러면서도 정작 자기 자신을 위해서는 아무 운동도 하지 않는다. 오락 프로그램이나 드라마를 즐겨 시청하는 등 연예인들이 부자 되기를 도와주면서 정작 자신의 부를 늘릴 생각을 하지 않는다. 텔레비전에 정신이 팔린 나머지 자신의 인생을 풍요롭게 만드는 일에는 소홀한 것이다.

그렇다고 텔레비전을 보는 행위가 결코 잘못되었다는 말은 아니다. 하루 일을 마친 후 텔레비전 시청은 스트레스를 해소할 방법이 될 수도 있기 때문이다. 문제는 우리가 정작 생산적인 활동에 쏟아 부어야 할 에너지를 낭비해 버린다는 것이다.

따라서 매일 1시간씩 텔레비전을 보지 않고 독서를 한다면 1년이면 50권 이상의 독서를 할 수 있다. 하나의 학위를 취득하기 위해서는 50여 권 정도의 책을 읽어야 하니 1년이면 하나의 학위를 취득하는 것과 다름이 없으며, 10년이면 어느 한 분야의 전문가가 되고도 남는 시간인 것이다. 고소득 가정이나 고학력자 · 행복한 사람일수록 텔레비전 시청률이 감소한다는 통계도 있다. 이들은 텔레비전을 시청하는 대신 신문을 읽거나 독서를 하며 시간을 유용하게 보낸다.

요컨대 거실에 있는 텔레비전만 다른 곳으로 옮겨도 자연스럽게 경제적 궁핍으로부터 벗어날 수 있으며, 노후 대책은 이미 준비된 셈이나 마찬가지이다. 따라서 지금 바로 실천해 보라. 조금 있다 한다면 그때는 이미 늦은 것이다.

삶의 탄탄대로 건너는 법

큰 인물을 배출하였거나 명문가를 이룬 집안에는 공통점이 하나 있다. 책 읽는 것이 집안 분위기로 자리잡고 있어 부모와 자녀 모두 책을 가까이 함이 그것이다. 온 가족이 일상적으로 책을 읽는 분위기 속에서 자란 아이는 자연스럽게 책 읽는 습관이 들어 책을 좋아한다.

  동서고금을 통틀어 독서의 중요성은 아무리 강조해도 지나치지 않는다. 책은 평생을 함께 하는 자산이 되며, 특히 자라나는 청소년들은 역사와 고전을 통해 많은 것을 배울 수 있기 때문이다. 역사서를 읽으면 역사적 사실을 이해하여 현재 일어나고 있는 현상과 미래를 과거에 비추어 해석할 통찰력을 얻을 수 있으며, 고전을 읽으면 단편적인 지식이 나열된 교과서를 보는 것과는 달리 사물의 원리를 이해하고 저자의 생생한 논리를 배울 수 있게 된다. 하지만 정작 책을 읽지 않는다면 이러한 값진 것을 얻지 못한다.

그런데 언제부터인가 지하철이나 버스에서 책을 읽는 사람이 눈에 잘 띄지 않는다. 대신 나이가 젊을수록 휴대폰에서 손을 떼지 못한다. 텔레비전을 보거나 게임을 하느라 정신이 없다. 교통 수단 안에서 이런 모습이 주류를 이루니 독서하는 모습은 언제쯤 찾아볼 수 있을는지…. 현실은 점점 어두워지고 있다.

우리의 실정이 이렇다 보니 미국의 아이비리그$^{\text{Ivy League}}$에 입학한 한국 학생들은 우수한 입학 성적에도 불구하고 창의성이 부족해 시간이 지날수록 공부하는 데 고생을 한다. 어려서부터 독서량 부족으로 사고 습관이 형성되지 못하고 읽고 쓰는 기본이 되어 있지 않기 때문이다.

하지만 선진국 사람들의 일상을 엿보면 우리와는 전혀 다른 양상을 보인다. 그들 나라에서는 교정 안에서는 물론이고 기차・미술관・카페・공원・식당 등 때와 장소를 가리지 않고 많은 사람이 책을 펼쳐 들고 꼼짝도 하지 않은 채 독서에 몰입해 있는 풍경을 자주 볼 수 있다.

세계가 지식정보화 시대로 이행할수록 독서의 중요성은 더욱 커진다. 그런 의미에서 빌게이츠의 말에 귀 기울여 보라.

"컴퓨터가 책을 대체하리라고는 생각지 않는다."

그는 바쁜 일과 중에도 매일 1시간씩, 주말에는 2,3시간씩 책을 읽고,

출장을 갈 때에도 꼭 책을 가져간다. 마르크스는 신혼 여행을 갈 때에도 80여 권의 책을 가져갔다.

단언하건대 오늘날 경제적으로 풍요로운 선진국은 이유 없이 이루어진 것이 아니다. 바로 독서의 힘으로 인해 나라를 부강하게 만들 수 있었고, 선진국이란 주춧돌 역할을 하고 있는 것이다.

그렇다면 선진국이라 일컬어지는 까닭은 무엇일까? 우리는 세계에서 찾아볼 수 없을 정도로 단기간에 경제 발전을 이루었지만 아직 선진국이라 칭하기에는 이르다. 왜일까? 흔히 국민 소득을 기준으로 선진국과 선진국이 아닌 나라를 가늠하겠지만 지식이 기초를 세우고 있지 않은 나라는 선진국이라 말할 수 없다. 이때 선진국이라 구분하는 척도로 무엇보다 중요한 것이 독서량이다. 우리 국민은 먹고 마시는 데는 선진국일지 모르지만 읽고 쓰고 논리적으로 말하는 삶의 깊이는 아직 선진국이 못된다. 말하자면 같은 시간과 노력을 들여도 독서 없이는 최고의 자리에 오를 수 없는 것이다.

부시 대통령이나 빌 클린턴 대통령이 휴가를 갈 때 그들의 여행 가방에는 책이 빠지는 날이 없다. 정보화 시대가 세계를 좌지우지하는데 그들이 왜 그렇게 독서를 중요시할까? 결국 세상은 독서하는 사람들이 이끌어 가는데, 그들이 그 중요성을 누구보다 더 잘 알기 때문이다.

그렇다면 독서가 왜 중요한 것일까? .

첫째, 독서는 지식과 정보 습득의 보고^{寶庫}이다. 일반적인 정보이건 전문적인 지식이건 책을 통하여 자신만의 지식과 정보를 얻을 수 있다. 따라서 사회생활을 하는 데 필요한 것을 알지 못하여 당하는 불이익이나 어려움은 독서로 극복할 수 있다. 그렇기 때문에 많은 사람이 자신이 필요한 무엇인가를 알기 위하여 독서를 한다. 흔히 군사력, 경제력이 그 원천이라 생각하기 쉬운 세계 최강대국인 미국의 근본적인 힘은 독서를 통한 지식에서 비롯되었다. 이 말은 미국이 책을 통하여 20세기 이후 순수과학, 실용과학 할 것 없이 거의 전 분야에서 세계 최고 수준의 지식체계를 구축했음을 상기하면 이해가 빠를 것이다.

둘째, 독서를 통해 삶의 지혜를 얻을 수 있다. 우리는 빠르게 변하는 환경 속에서 치열하게 경쟁하며 바쁜 생활을 하기 때문에 모든 것을 경험할 시간적 여유가 없다. 그래서 책을 통하여 선현들의 지혜뿐 아니라 동시대를 살아가는 사람들이 이미 경험한 것을 간접적으로 경험하는 것이다. 말하자면 책을 쓴 사람의 지혜를 나의 지혜로 받아들일 수 있는 유용한 과정이 되는 것이다. 이처럼 당신은 책을 통하여 과거를 이해함으로써 현재를 반성할 수 있고, 미래의 현상을 미리 예측하고 세상을 읽는 것이다. 그 결과 독서를 통하여 얻은 지식과 지혜는 당신의 삶에 고스란히 반영된다.

셋째, 독서는 인성 발달에 도움이 된다. 인성 발달에 독서만큼 좋은 것이 없다. 책 속에 푹 빠져 읽다보면 독자는 주인공과 같은 경험을 하면서 때론 주인공과 혼연 일체가 되어 눈물을 흘리기도 하고 또 웃기도 한다. 같은 맥락에서 위인전을 읽을 때도 위인을 흠모하며 닮고자 한다. 그럼으로써 자신도 책 속의 훌륭하고 용감하고 슬기롭고 정의로운 주인공을 통해 자신도 모르는 사이에 조금씩 멋진 사람으로 변해 가는 것이다. 또한 자기계발서를 읽을 때도 당신의 잘못된 습관을 고치고자 노력하게 된다.

넷째, 독서는 꿈을 이루는 원동력이다. 인류에 큰 업적을 남긴 사람들을 보면 대부분이 책을 엄청나게 읽었다. 그리고 그들은 책을 통해 그들의 정신을 위대하게 만들었고, 인류 역사에 커다란 발자취를 남기게 된 것이다. 이렇듯 위대함은 독서량과 비례한다고 해도 과언이 아니다.

그런데 독서 습관은 하루아침에 이루기 어렵다. 어릴 적부터 책 읽는 습관이 배어 있어야 한다. 어려서부터 형성된 독서 습관이 성인이 되어서까지 영향을 미치기 때문이다.

따라서 직장 일로 아무리 바쁘고 피곤해도 하루 30분 이상 아이에게 책을 읽어 주면 책 읽는 습관이 아이에게 형성된다. 어려서부터 책을 좋아한 학생은 공부가 재미있어 공부하는 것을 좋아하고 덩달아 좋은 성적도 받는다.

사실 대부분의 사람들이 어린 시절엔 책을 의무로라도 한두 권 읽었지만 성인이 되어서는 책과 담을 쌓고 산다.

그러나 기억하라. 하루에 30분 정도 책 읽는 습관이 미래의 성공을 결정지을 정도로 독서는 무한한 가치를 지니고 있다는 사실을.

불가능으로 여겼기에 기적 같아 보였던 히딩크 감독과 축구 선수들이 이뤄낸 2002년 월드컵 감동도 예외는 아니었는데, 이 모든 것은 감독의 탁월한 훈련 방식과 전략에서 비롯되었다. 그가 이처럼 유능한 감독일 수 있었던 비결은 무엇인가? 전지 훈련이나 휴가 시 히딩크 감독의 가방은 언제나 책으로 가득 했다. 그는 그 정도로 독서에 탐닉했다. 한마디로 우리나라가 이룩한 4강의 힘은 독서의 힘이었다고 해도 과언이 아니다.

결론적으로 말해 세계 최고가 되기 위해서는 책벌레가 되어야 한다. 주지하다시피 나폴레옹・링컨・에디슨・빌게이츠 등의 공통점은 도서관에 있는 책을 통째로 읽었다는 데 있다.

나폴레옹은 어린 시절 친구들로부터 따돌림을 당하여 늘 혼자였던 대신 어머니가 권하는 대로 책을 자신의 벗으로 삼았다. 이렇게 독서하는 습관은 성인이 되어서도 이어졌다. 그는 심지어 생사가 왔다갔다하는 전쟁터에서도 책을 한 수레씩 싣고 다니면서 읽었는데, 그 결과 그가 죽을 때까지 읽은 책의 수가 총 8,000여 권에 달했다. 인생의 절반을 전쟁터에서 보냈음에도 1년에 160권, 즉 이틀에 1권 꼴로 책을 읽은 셈이다.

또한 링컨은 어떠했는가? 그가 어렸을 때, 집안 형편이 어려워 학교 공부도 제대로 할 수 없었을 뿐만 아니라 그가 살던 서부에는 책이 귀했다. 그럼에도 불구하고 그는 항상 책을 가까이 하여 '옆구리에 책을 끼고 다니는 키 큰 청년'이라는 별명을 달고 다녔다. 이런 그는 후일 대통령이 되어서도 국회 도서관에서 독서를 맘껏 즐겼다.

"나는 단지 5분이라도 틈이 나면 시간을 그냥 보내지 않았다"는 그의 말이 시사하는 것은 무엇일까? 그가 미국 역사에서 가장 어려운 과제였던 노예 해방을 성공적으로 풀 수 있었던 배경에는 바로 그의 독서를 통한 지혜와 능력이 있었기 때문이었으리라.

주변에서 책을 가까이 하는 사람을 주의 깊게 살펴보라. 그들은 살아가는 방법이 보통 사람과는 다르다. 독서를 하지 않는다고 해서 세상을 살아가는 데 큰 문제가 생기는 것은 아니지만, 독서가 우리 정서를 안정시키고 지혜를 주며 모든 일에 도움이 된다는 것은 분명한 사실이다.

노후에 행복하려면 세 명의 친구를 사귀라고 했다. 여기서 세 친구란 독서와 운동과 하나의 악기 다루기이다. 그 중에서 독서만 한 친구는 없다.

끝으로 독서가 개인의 삶에 끼치는 영향에 대해 간략하게 잘 표현한 데카르트의 말에 귀 기울여 보라.

"좋은 책을 읽는 것은 과거 가장 뛰어난 사람들과 대화를 나누는 것과 같다."

일찍 일어나면 50퍼센트의 성공은 이룬 것이다

에디슨이 전기를 발명한 것은 불과 200년 전의 일이다. 따라서 그 전에는 해가 지고 컴컴하면 잠을 자야 했고 해가 떠 날이 밝아야 생활을 했다.

인류가 전기를 사용한 역사가 고작 200년이지만 우리나라는 전기가 발명되고 나서도 한참 후에야 전기를 사용하게 되었으니 그보다 더 기간이 짧은 셈이다.

내기 초등학교에 다닐 때만 해도 전기가 들어오지 않아 호롱불을 사용했다. 그리고 몇 년 후에는 남폿불로 방을 밝혔다. 그 후 1960년대 후반이 되어서야 비로소 전기를 사용할 수 있었다. 오지 마을의 경우 1970년대에 처음으로 전깃불을 사용할 정도였으니, 우리 몸은 낮과 밤의 주기를 오랫동안 익숙하게 받아들였던 것이다.

그런데 현실은 어떠한가? 급속한 경제 발전으로 환경에 적응하느라 어느새 밤에 일하는 것이 일상화되어 버렸다. 하지만 하루를 어떻게 시작했는지에 따라 나머지 시간이 달라지기 때문에, 아침은 하루 중 가장 중요한 시간대라고 할 수 있다. 따라서 뚜렷한 목표를 갖고 아침을 맞이한다면 성공을 향한 위대한 첫 걸음을 내디딘 것과 같다.

당신은 그 날의 계획을 갖고 일어나는가, 아니면 해야 할 일을 생각지 못하고 허둥대면서 아침을 보내는가? 그리고 계획을 갖고 있다면 그 계획에 따라 하루를 보내는가, 아니면 일어나 출근하느라 아침을 건너뛰고 정신없이 보내는가? 이렇듯 이른 아침을 보내는 방식에 따라 당신이 좋은 습관을 가지고 있는지, 나쁜 습관을 가지고 있는지 판단할 수 있다.

인생을 의미 있게 보내며 당신의 잠재 능력을 최대한 발휘하려면 이른 아침 시간을 보다 효과적으로 활용하는 습관을 갖는 것이 중요하다. 보통 자명종 없이도 새벽에 거뜬하게 일어나는 사람이 있는가 하면, 휴대폰 알람까지 맞춰 놓고서도 새벽에 눈뜨기가 죽기만큼 힘든 사람도 있다. 한의학에서는 이를 사람마다 체질이 다르기 때문이라고 설명한다.

한의학에서는 사람을 체질별로 태양인, 태음인, 소양인, 소음인의 4가지로 분류한다. 이 중 소음인과 태음인은 음기가 강해 양기가 강한 아침에는 힘쓰기가 어렵다. 이들은 유난히 아침잠이 많고 일을 하더라도 오전에는 능률이 잘 오르지 않아서 새벽부터 일어나 활동을 하면 오후 내내 피로감에 젖어 오히려 하루를 망칠 수 있다. 반면 소양인과 태양인은 양기가 많은 체질이라 양기 활동이 시작되는 새벽부터 생기가 넘친다. 이처럼 아침 잠자리를 훌훌 털고 일어나기 쉬운 사람은 양기가 성한 새벽 시간을 활용하여 독서·외국어 공부 등과 같은 자기계발에 나선다면 성공하는 인간이 될 수 있다. 이들은 소음인, 태음인과는 달리 해가 질 무렵부터 음기가 성한 저녁에는 휴식을 충분히 취하는 것이 좋다.

그러나 새벽형 인간이라도 가계를 꾸려야 하는 피치 못할 사정 때문에 몇 개월만 늦게 자도 자신도 모르는 사이에 습관화되어 저녁형 인간으로 변하게 된다.

저녁형 인간은 밤에 일을 해야 능률이 올라 새벽까지 일을 한 후, 아침 늦게 일어나 가까스로 출근을 하는 모습이 대표적이다. 이렇게 불가피하게 저녁에 일을 해야 하거나 체질적으로 몸에 맞지 않은 소음인이 아니라면 몸에 익은 습관을 바꾸는 노력이 필요하다. 그렇다고 무턱대고 시작부터 무리할 정도로 일찍 일어난다면, 낮에 피곤이 몰려올 수 있기 때문에 실패할 확률이 높다.

따라서 처음에는 아침 시간에 일어나는 정도로 만족하며 서서히 시간과 강도를 높여 가는 것이 좋다. 이를 실천하려면 먼저 일찍 자는 습관을 들여야 하는데, 늦어도 취침 시간은 저녁 11시 이전이어야 한다. 이를 실천하려면 처음 며칠, 몇 개월 간은 이루 말할 수 없을 정도로 힘들 것이다.

나도 예외는 아니었다. 아침 일찍 눈을 떠 출근하면 졸리고 나른할 때가 종종 있었다. 그럴 때는 옆의 동료가 눈치 채지 못하게 팔뚝을 꼬집고 펜으로 손등을 찌르기도 수없이 해 보았다. 또한 마음이 해이해져 다음날 일어나기 어려울 것 같으면 전날 저녁 잠자기 전에 운동복을 곱게 개어 머리맡에 놓고 잠자리에 들기도 했다. 미안해서라도 일어날 수 있도록 자신을 독려하기 위해서다. 이와 같은 생활은 처음 1개월이 힘들었다. 1개월이 지나고, 3개월을 잘 견뎌 내고, 1년을 버티고 3년이 지나자 비로소 습관으로 자리잡았다.

일반적으로 무엇이든 습관이 된 후에도 지속적으로 건강에 관심을 가지지 않으면 실패하기 쉽다. 또한 한 동안 저녁 일찍 자면 새벽 2,3시 경에 일어나게 되어 하루 종일 피곤을 느끼는데, 보통 새벽에는 1시간만 일찍 일어나도 낮에 피곤함을 느껴 일에 능률이 떨어지는 법이다. 이를 방지하려고 여러 가지 고민을 한 끝에 잠자는 시간을 1시간 정도 늦춰 보았더니, 일어나는 시간이 1시간 늦어짐으로 몸이 개운해지고 머리도 맑아져서 하루를 즐겁게 시작할 수 있었다.

각설하고 보통 처음 몇 개월 간은 그런 대로 실천하지만 얼마쯤 시간이 흐르면 포기하고 만다. 이러한 나쁜 습관 하나조차도 고치지 못한다면 성공은 이미 높은 담 너머에 있게 된다. 따라서 성공하고 싶다면 일찍 일어나라. 그러면 이미 성공의 반은 이룩한 셈이다. 시작이 반이라고 하지 않았던가.

대가大家의 SR 전략

단군 이래 최대의 토목 공사였던 경부고속도로 건설은 1968년 첫 삽을 뜨기 시작하여 1970년 7월에 완공되었다. 본래 완공 목표는 1971년이었는데, 완공일을 무려 1년이나 단축한 셈이다. 이렇게 신속히 이룩한 건설의 신화는 날림공사나 부실공사의 표본이 되었다. 그 결과 세계에서 유례가 없을 만큼 빨리 만든 고속도로는 얼마 되지 않아 누덕누덕 기운 옷처럼 되었다. 이로 인해 들어간 보수 공사의 비용을 모두 합하면 경부고속도로만 한 도로를 네 개는 더 만들 수 있다는 통계가 나올 정도였다. 그렇다고 경부고속도로의 치적을 폄하하는 것이 절대 아니다. 단지 빠른 것이 좋은 것만은 아닐 수도 있다는 사실을 말하고 싶은 것뿐이다. 사실 가끔은 빠른 것이 좋다고 여길 수도 있지만 모든 일에는 거쳐야 할 단계가 있으며 중간에 생략하거나 뛰어넘으면 그 이상의 대가를 치러야 할 때도 많다.

경부고속도로의 빠른 완성은 빠름에 대한 단적인 예가 될 수 있다. 그렇긴 하지만 매사 속전 속결하려는 성향은 간과할 수 없는 우리 민족의 특성이기도 하다. 이를 크게 둘로 나누어 보면 조급증과 건망증을 들 수 있다. 사람들은 모든 것을 빠르게 하려고 하는 조급증에 걸려 있다. 이를테면 식당에서 가서 자리에 앉자마자 예약이라도 해 놓은 듯 음식을 빨리 달라 말하고, 과속 운전으로 인한 사망률이 세계 최고에 이르는가 하면 돈을 버는 것도 성공도 하루아침에 이루어지기를 갈망한다.

그런데 문제는 이러한 조급증으로 일의 전체적인 순서, 진행 과정과 결과 등의 마스터플랜을 만들어 계획에 의거하여 계획대로 일을 진행하지 않고 서두르다 결국엔 일을 그르치고 만다는 사실이다. 나아가 어려움이 닥치면 중도에 포기하는 경우도 있다. 말하자면 대부분 오래 견디면서 일을 끝까지 해내지 못하는 것이다. 이는 어느새 몸에 익은 조급증이 은근과 끈기를 빼앗아가고 성찰의 눈을 가리기 때문이다.

그렇지만 주지하다시피 살아가면서 조급증으로 이룰 수 있는 것은 하나도 없다. 서두른다고 해서 결과가 달라지는 것도 아니다. 그만큼 시간을 아낄 수 있는 것도 아니고 생산적인 것도 아니다. 사실상 많은 연구를 통해 입증된 바로는 서두르는 사람이 더 실수가 많고, 스트레스도 많이 받으며, 더 복잡한 결과를 초래하게 된다는 것이다.

급할수록 돌아가라는 말이 있듯 한 분야의 깊이 있는 전문가가 되고 세계 최고의 예술가가 되고자 하는 것 등 일련의 모든 일에는 시간과 인내가 필요하다. 강한 의지와 엄청난 근면, 성실성 없이는 최고에 이를 수 없다. 단지 얼마만큼 시간을 쏟아붓고 얼마만큼 집중적으로 몸과 마음을 다해 노력했는지가 이를 결정할 뿐이다. 따라서 당신의 몸에 배어 있는 조급함을 떨쳐버리고 느린 것이 가장 빠른 것이라는 느림의 미학을 알고 이를 실천해 보라.

나무·풀 등 살아 있는 생물 중에 가장 성장이 빠른 것이 대나무 순이다. 대죽은 하루 저녁에 40~50㎝ 정도 자란다. 이렇게 빠른 성장을 보이니 신기하게만 보여도 그 순이 밖으로 자라기까지 오랫동안 뿌리를 일궈내야만 한다. 매미가 여름날 단 10일 동안 지상에서 살기 위해 땅 속에서 5년을 지내듯 뿌리가 자라는데 5년 정도의 시간을 필요로 한다. 이 5년 동안 땅속에서 인내한 결과 조금씩 조금씩 뿌리에 저장된 엄청난 에너지의 힘으로 새순을 힘차게 돋아나게 하는 것이다.

이렇듯 자연에는 한 번에 비약적으로 성장하는 거짓이 없다. 모든 것은 마땅히 거쳐야 할 순서와 단계를 밟으면서 점진적으로 성장한다. 말하자면 열매를 맺기 위해서는 어느 정도 인내와 기다림이 필요한 것이다. 이러한 자연의 이치처럼 인간 사회에서도 성급함을 버려야 좋은 열매를 수확할 수 있음을 기억해야 한다.

흔히 쾌속 승진을 바란다. 그래서일까. 아부하고 상대방 비위를 잘 맞추는 사람이 먼저 승진하는 듯 보이지만 시간이 지나면서 결과는 달라진다. 처음에는 승진이 늦은 듯이 여겨지던 사람이 후일 훨씬 높은 자리에 오르는 경우도 많다. 이는 초창기 때 열심히 일을 하면서 많은 경험을 쌓은 덕분에 자신 있게 일을 처리할 줄 아는, 즉 위기를 슬기롭게 극복할 수 있는 지혜가 있기 때문이다.

돈도 이와 마찬가지로 처음에 쉽게 벌면 더 많은 돈이 벌릴 것이라는 생각은 부족한 경험과 맞물려 큰 낭패를 부른다. 그러나 수많은 실패와 시행착오를 겪어낸 사람들은 그 동안 뿌리가 튼튼하게 자라나 태풍이 불어도 뽑히지 않는 커다란 나무와 같아 어려운 일에도 쉽게 흔들리지 않는다.

우리 민족의 두 번째 특성은 잊어버리기를 잘한다는 것이다. 우리나라의 역사를 살펴보면 다른 나라의 침략을 많이 받았다. 이는 국가의 힘이 그만큼 약했다는 것을 말해 주는 것이다. 그러면 국력을 길러 적의 침략에 대한 안전한 대비를 준비해야 하는데 그놈의 지독한 망각증으로 인해 세월이 흐르면 외부의 침략이 있었다는 사실을 까마득히 잊은 듯하다. 그렇지 않다면 그렇게 많은 침략을 결코 받을 수 없었을 것이다.

개인의 삶도 마찬가지이다. 이를테면 건강이 좋지 않아 병원 신세를 진 적이 있을 것이다. 그때는 결심이 대단하다. 완쾌되면 술도 끊고, 담배도 끊고, 운동도 해야지 하고 다짐을 한다. 그래서 처음에는 의사의 처방에 따라 잘 실천한다. 하지만 일 주일이 지나고 점차 시간이 흐르면서 현실에 안주하여 과거의 다짐은 까마득히 잊고 전과 똑같은 생활을 한다. 그렇게 몇 년이 지나 병이 재발하거나 이상 증세를 보이면 옛 기억을 되살리며 후회한다.

살펴본 바와 같이 삶에서 잊지 말아야 할 중요한 것을 망각하며 사는 것은 미래에 전개될 온갖 난관을 무방비 상태로 맞겠다는 것과 같다. 그러나 살아가면서 좋지 않은 일을 당하면 다음에는 그와 똑같은 어려움을 겪지 않겠다는 각오를 단단히 하면 큰 어려움은 닥치지 않는다.

유비무환^{有備無患}이란 문자 그대로 풀어보면 미리 준비가 되어 있으면 걱정할 것이 없다는 의미이다. 따라서 과거 위기를 망각하지 않고 유비무환의 정신으로 준비된 오늘을 살면 당신은 어떠한 시련도 슬기롭게 헤쳐나가 반드시 성공할 것이다.

소식素食의 혁명

당신이 성공할 수 있는지를 알고 싶은가? 먼저 음식을 절제할 수 있는지를 살펴보고, 이를 매일 매일 실천해 보라. 만약 이것이 가능하면 성공할 것이고, 그렇지 않으면 평생 크게 성공할 수 없을 것이다. 식욕은 인간의 기본적인 욕구로 이를 절제할 수 있다면 모든 것을 절제할 수 있기 때문이다.

음식을 절제하면 마음이 안정되고 건강에도 좋다. 몸을 보살피는 근본이 되기 때문이다. 따라서 잘 살고 못 사는 것, 장수하거나 요절하는 것은 물론 출세도 모두 음식을 절제하는 것이 성공의 시작이자 끝이 된다. 그러므로 음식만 절제할 수 있다면 당신은 이미 성공의 계단에 한 발 내디딘 것이나 다름없다.

소식이 몸에 좋다는 것을 모르는 사람은 없을 것이다. 그렇지만 대부분의 사람은 식사할 때 배불리 먹는다. 수명은 태어날 때 이미 타고난다지만 그것을 유지하는 토대는 먹거리이다. 따라서 음식을 절제하지 않으면 하늘로부터 받은 수명과 행복을 다하지 못한다. 달이 차면 기울 듯 항상 많이 먹는 사람은 크게 성공하기 어렵다. 식사량이 일정하면 심신이 안정되고, 몸이 가볍고, 모든 일이 순조롭게 풀리지만, 폭식을 자주 하면 성격이 거칠어지고 재산이 줄어들며 자녀들이 잘 되지 않는 법이다. 이는 우리가 마음을 비워야 채울 수 있는 공간이 생기 듯 배도 어느 정도 비워 두어야 좋은 일로 채울 수 있는 이치와 같다.

큰 일이 닥쳐서 마음이 흐트러지거나 번민이 있으면 불규칙한 생활로 인해 흔히 폭식을 하기 쉽다. 특히 육류나 인스턴트 식품을 과식하면 단백질의 소화가 충분히 이루어지지 않고 혈관에 흡수되어 혈액이 탁해지고 일부는 부패하면서 장에 독소로 쌓여 몸이 쉽게 피곤해진다. 이때 음식을 소화시키고자 많은 혈액이 필요하다. 말하자면 뇌의 혈액 부족으로 졸음이 오게 되는 것이다.

하지만 음식을 적당히 먹으면 머리가 맑고 몸도 가벼워져서 평소보다 기억력이나 몸의 상태도 좋고 의욕도 넘친다. 이는 혈액이 맑아져 심신이 안정되어 수면 시간이 짧아지기 때문이다. 그리고 뇌 활동을 활발하게 하여 창조적인 활동을 가능하게 한다. 또한 독서나 외국어 공부 등 자기계발을 하고 싶은 욕구가 생겨 시간을 생산적으로 활용할 수 있게 된다.

이렇듯 소식은 우리에게 '일석이조'의 이로움을 선사하는 멋진 친구와 같은 것이다.

저녁은 잠자기 전 마지막 음식물이 되므로 반드시 적게 먹어야 한다. 음식을 먹은 후 먹은 음식이 소화될 수 있는 시간이 필요한데, 그럴 만한 시간이 없으면 건강까지 해치게 된다. 따라서 저녁 식사를 마치고 최소 3시간이 지난 후 취침을 해야 건강에 좋다. 우리가 음식을 먹은 후 보통 2~3시간 지나야 위에서 소화가 마무리되고 소화된 음식물을 장으로 내려보내기 때문이다. 그렇다면 소식을 하면 이로워지는 것은 무엇일까?

첫째, 잠이 줄어든다. 평소에는 8시간을 자도 피곤함을 느끼지만 소식을 하면 잠자는 시간이 줄기 시작한다. 평소 수면 시간에서 2시간 정도 잠이 줄어도 피곤함을 느끼지 않으니 하루 6시간만 자도 충분하다는 이야기이다. 에디슨, 아인슈타인, 뉴턴은 자신을 천재라고 부르는 사람들에게 "나는 천재가 아니라 남들이 잠자는 시간에 안 자고 더 많이 노력했다"라고 했다. 그래서 어떻게 잠을 자지 않느냐고 묻자 "적게 먹는다"고 답했다.

둘째, 음식비가 절약된다. 소식을 하면 20퍼센트 이상 음식 구입 비용이 줄어든다. 이 돈만 저축해도 노후 대책은 자연스럽게 준비된다.

셋째, 머리가 맑고 기분이 좋다. 뇌로 가는 혈류량 증가로 머리가 맑고 온몸이 가벼워 기분이 상쾌하며 일을 하고 싶은 욕구가 생긴다.

넷째, 최고의 기량을 발휘한다. 축구·배구·골프 등 프로 운동선수들이 중요한 게임에 임할 때는 평소 식사량의 80퍼센트 정도로 먹는다.

최고의 기량을 발휘하기 위해서이다. 수험생도 마찬가지이다. 수능·취업 등 중요한 시험을 볼 때도 배불리 먹으면 뇌로 가는 산소와 혈류량 부족으로 머리가 맑지 않아 좋은 성적을 기대할 수 없다.

　다섯째, 체중이 줄어 건강해진다. 평소보다 식사량을 줄이다보니 몸무게가 줄어 자신감도 생긴다.

　여섯째, 장수한다. 사람은 태어날 때 평생 먹는 양이 똑같다고 볼 수 있다. 그 양을 다 먹어야 죽음에 이른다. 소식하는 사람은 조금씩 먹기에 그 양을 먹는데 오랜 기간이 걸리는 반면 음식을 많이 먹는 사람은 단기간에 많은 양을 다 먹기에 암·치매·성인병 등에 걸려 일찍 죽음에 이르는 것이다.

　일곱째, 음식을 적게 먹으면 좋은 일이 생긴다. 소식을 한 후로 당신의 생활을 짚어보면 전반적으로 활기가 넘침을 알 수 있다.

　나의 경우 소식을 시작한 지 처음 6개월 간은 식사 때 전쟁을 치르는 듯한 고통을 감내해야 했다. 한끼 한끼 식사할 때마다 한 수저 덜 뜨자는 결심을 수도 없이 했다. 사실 먹는 것에 집중하지 않으면 자신도 모르게 과식을 하게 된다. 마음속의 악마는 조금만 더 먹고 싶어 안달을 했고, 그 유혹을 뿌리치지 못했기 때문이다. 하지만 나는 이 악마와 싸워 이겨야만 했는데 결코 쉽지 않았다.

　특히 술을 좋아하는 사람은 대단한 각오를 해야 한다. 술 자체는 열이 많은 기호품으로 술은 열로 인하여 위가 활성화되어 더 많은 양을 받아들일 수 있는 공간을 만들기 때문이다. 그렇기 때문에 평소보다 많은 양의 음식 섭취로 과식하는 것은 당연하다.

잠깐 살펴본 바와 같이 소식을 하려 할 때 이를 방해하는 음식을 알고 자제해야 하며, 소식을 함으로써 발생하는 불면증 또한 극복해야 습관화할 수 있다.

그렇다면 자제해야 할 음식에는 구체적으로 무엇이 있으며 몸이 소식에 적응하는 단계에서 주로 일어나는 불면증은 어떻게 극복해야 할까?

음료수나 음식 자체에 열이 있는 음식^{주로 알코올이 함유된 음료}은 삼가야 한다. 특히 야간에는 더 그렇다. 이때 잠이 오지 않는다고 알코올에 의존하는 경우가 많다. 술은 처음에는 잠을 오게 하지만 곧 내성이 생기고 혈중 알코올 농도가 떨어지면서 각성작용이 있어 얼마 가지 못하고 깨어나 습관성 알코올 중독으로 이어질 수 있다.

또한 카페인 성분이 들어 있는 음식을 섭취하면 여기에 포함된 열이 혈액과 함께 뇌로 올라가 머리가 맑아져 잠이 오지 않는다. 따라서 이러한 음식은 금하는 것이 좋다. 대신 상추를 섭취하거나 잠이 오게 하는 호흡법을 활용해 보는 것도 좋다. 상추 중에서도 적상추에는 청상추보다 10배에 해당하는 멜라토닌이 함유돼 있어서 취침 전 붉은 상추 15장 정도를 물에 끓여 한 잔 마시면 불면증을 없앨 수 있다. 사실 굳이 전술한 음식을 섭취하지 않더라도 불면증은 소식을 할 때 종종 나타난다. 흔히들 저녁에 배가 부르지 않으면 잠이 오지 않는다고 하소연을 하는 사람이 많다.

이는 우리 몸이 과거 배불리 먹던 습관에 길들여져 있기 때문이다. 보통 식사를 하고 나면 뇌에 있는 많은 혈액이 몸의 소화를 돕고자 위로 이동하는데, 이는 음식의 섭취량이 줄게 되면 그 동안 위로 보내왔던 혈액량보다 적은 양이 사용되어 결과적으로 뇌에 혈액이 많이 머물러 있게 되어 잠이 오지 않게 되기 때문이다.

그럼 잠을 위해 소식을 포기해야 하는 걸까? 이때 잠자는 습관을 바꾸면 두 마리 토끼를 모두 잡을 수 있다. 인간은 밤이 되면 호르몬의 영향으로 혈액이 장기로 모여 뇌와 몸에 혈액이 부족하면 몸에 힘이 빠져 잠이 오게 된다. 따라서 뇌로 모아져 있는 혈액을 아랫배로 복식 호흡을 하여 장기로 모이도록 하면 숙면할 수 있다. 구체적인 방법을 살펴보자.

첫째, 누운 채 정신은 배 아래 단전 5㎜쯤에 두고 숨을 깊이 들이마신다. 처음 몇 번은 효과가 없는 듯 보이지만 눈에 자주 띄는 곳에 '호흡은 깊게'라는 문구를 붙여 놓고 꾸준히 실천하다보면 효과를 볼 수 있다.

둘째, 주변 환경을 어둡게 한다. 야간에는 주변 환경을 최대한 어둡게 해야 한다. 실내가 밝으면 수면에 영향을 미치는 멜라토닌 호르몬이 분비되지 않아 잠이 오지 않는다.

셋째, 책을 읽는다. 잠자리에 들어 15분이 지나도 잠이 오지 않으면 책 읽기를 권한다. 독서는 불면증을 치료하는 가장 좋은 약이기 때문이다. 심리학에 관한 책도 좋고 뇌과학에 관한 책도 좋다. 특히 자기계발에 관한 책을 많이 읽는 것이 좋다. 책을 읽다보면 잠을 자야 한다는 강박관

넘이 사라지면서 졸음이 오게 된다

  살펴본 바와 같이 소식을 하면 이로움이 많다. 용기 있는 당신이여! 먹는 것에 욕심 부리지 말고 지금부터 소식을 해보라.

건강을 위한 운동, 성공에 양보하라

운동하면 건강을 떠올리기가 쉽다. 그렇다. 모든 사람들이 건강을 위하여 운동을 한다. 하지만 운동은 건강뿐만 아니라 성공하기 위하여 꼭 해야 하는 필수 사항이라 알고 있는 사람은 별로 없다. 우리가 끼니를 거르지 않듯 운동도 삶의 일부로 생각하고 거르지 않아야 한다. 우리나라 성인 남성 68퍼센트와 여성의 76퍼센트가 걷기와 같은 지속적인 운동을 하지 않는다. 운동하지 않는 사람에게 물어보면 시간이 없다고 말한다. 그러면 운동하는 사람은 시간이 많아서 운동하는 것일까? 그렇지 않다. 삶의 가치를 어디에 두고 살아가느냐의 차이가 있을 뿐이다.

운동 없는 성공은 반쪽 성공에도 미치지 못한다. 건강이 뒷받침되지 못하기 때문이다. 그래서인지 성공한 사람일수록 운동을 많이 한다. 이들은 운동을 통해 건강과 몸매를 유지한다. 이를테면 직장에서 크게는 조직 전체를 관리하고 작게는 자신의 부서를 관리하는 것처럼 자기 몸을 관리한다. 그들은 건강이 얼마나 중요한가를 잘 안다. 운동을 하면 위기 상황에서 힘이 나고, 몸과 마음이 더 민첩해지고 일에 대한 능률도 오른다. 1시간 운동하면 2시간 일할 수 있는 힘과 에너지가 생기는데, 이는 성공을 오래 유지하기 위해 빠져서는 안될 요소이다.

그렇다면 가끔 궁금히 여기는 세계 정상들은 어떤 운동을 하는가?

미국의 부시 대통령은 실내에서 매일 오후 1시간 정도 러닝 머신을 이용하여 운동을 한다. 러시아의 푸틴 대통령은 유도에 프로 수준의 실력을 갖추고 있으며 하루 30~40분 정도 수영을 하는데 그 거리가 1,000미터이다. 호주의 하워드 총리는 파워 워킹, 일본의 아베 신조 총리는 궁술에 능한 것으로 알려졌다. 이 외에도 세계의 많은 정상들이 운동을 한다는 보도는 언론 매체를 통하여 보거나 들었을 것이다.

선진국의 경영자와 우리나라 경영자의 이력에는 중요한 차이점이 하나 있다. 우리나라 기업의 경영자는 학벌이 좋은 학술형 경영자가 많은 반면 미국·유럽·일본 등 선진국의 기업 경영자는 탁월한 운동 능력을 갖춘 스포츠형 경영자가 많다. 유럽 500대 기업 경영자 중 70퍼센트 이상이 학창시절 스포츠팀 활동 경험이 성공적인 경영자로 성장하는 데 결정적인 영향을 미쳤다고 이야기한다. 미국의 기업 역시 예외는 아니다.

인재를 선발할 시 체육인을 우대한다. 학창시절 자신이 만능 스포츠맨

이었다는 것이 그 증거일 것이다. 선진 기업들이 이렇게 학창 시절의 스포츠 경력을 우대하는 인사 정책을 펴는 것은 타당한 이유가 있다. 스포츠 활동은 강한 체력을 요구할 뿐만 아니라 팀을 이끄는 리더십과 협동심을 키우는 가장 좋은 방법이기 때문이다.

스포츠와 기업은 경쟁에서 이겨야 한다는 유사한 점이 많다. 스포츠는 혼자 잘해서는 승리할 수 없다. 인내·훈련·경쟁·용기·팀워크·리더십 등은 경영자가 갖추고 있어야 할 필수적인 요소이다. 아무리 지식 정보가 중요한 사회가 와도 지식으로만 무장한 인사는 지도자가 되기에는 자질이 부족하지 않을까. 지도자란 개인적인 지적 능력보다는 구성원들을 이끌어 조직의 목표를 달성하는 사람이기 때문이다.

결국 후진국의 사람일수록 그리고 가난한 사람일수록 운동을 등한시한다고 볼 수 있다. 요컨대 운동이란 시간이 날 때 몰아서 하는 것보다는 매일 매일 규칙적으로 하는 것이 더 효과적인데, 이때 단순히 걷기나 스트레칭만 해도 효과가 있다. 운동의 이로움은 크게 신체적인 측면과 정신적 측면의 두 가지로 나눌 수 있다.

신체적 이로움의 첫째는 건강해진다는 것이다. 특히 여성들이 많이 앓고 있는 우울증은 주로 혈액순환 장애로 발생하므로 운동이 최선의 치료법이 된다.

둘째, 머리가 좋아진다. 우리가 하루에 섭취하는 열량의 4분의 1이 뇌에서 사용된다. 뇌는 몸무게의 2퍼센트밖에 차지하지 않지만, 뇌가 사용하는 산소의 양은 우리 몸 전체 사용량의 20퍼센트, 그리고 우리가 섭취한 영양분의 20퍼센트를 소모하고, 전체 혈액의 15퍼센트를 사용하는 중요한 기관이다. 이러한 사람의 뇌는 근육과 비슷한 방식으로 기능하여 사용하지 않으면 퇴보하고, 활발하게 사용하면 그만큼 기능도 향상된다. 이때 운동을 하면 뇌로 가는 혈액과 산소량이 늘어나 뇌의 인지능력이 발달되어 지능지수^{IQ}가 10퍼센트 정도 향상될 뿐 아니라 감성지수^{EQ}도 향상된다. 어린아이의 경우 뇌가 형성되는 시기이므로 운동은 필수라 할 수 있다.

셋째, 치매에 걸리지 않는다. 미국의 한 연구 결과에 따르면 여든다섯 살이 되면 알츠하이머병으로 고통 받는 사람이 3분의 1이나 된다. 여기에 지금은 고인이 된 레이건 대통령이 속한다. 우리나라의 경우도 예외는 아니다. 치매로 고통 받는 사람이 점점 증가하고 있어 본인뿐만 아니라 가족들이 고통을 겪고 있다. 현재까지 이 병을 고칠 수 있는 방법은 아직 나오지 않았으며, 예방만이 최선의 길이라 알려져 있다.

따라서 육체적 활동을 함으로써 뇌혈관이 좁아지는 것을 개선하고 뇌로 가는 혈액과 산소량을 늘려 뇌혈관을 튼튼히 해야 한다.

넷째, 불임이 해소된다. 요즘은 특별한 이상 없이 아이를 갖지 못하여 고민하는 부부가 의외로 많다. 불임의 원인은 혈액순환이 제대로 이루어지지 않는 것을 가장 큰 이유로 꼽을 수 있다. 이는 상체는 열이 있는 반면 하체는 냉하기 때문에 정자가 활발하게 활동하기에 좋은 환경이 되지 못하여 임신하기 어려운 것이다. 따라서 자궁을 따뜻하게 하려면 혈액을 제대로 공급해야 하는데, 여기에는 운동만 한 것이 없다. 이는 혈관을 튼튼하게 하고 혈액을 맑게 하며 원활히 순환할 수 있기 때문이다.

동료 중 한 사람이 결혼한 지 7년이 지나도 아이가 없었다. 그러나 마라톤을 시작하고 나서 체중도 5킬로그램 줄었고, 변비도 해소되었다. 운동을 한 지 7개월째 드디어 임신을 하여 건강한 사내 아이를 낳았다. 또 다른 경우 결혼 10년 차를 맞은 부부도 아이가 없었는데 배드민턴을 시작한 후 아이를 낳게 되었다.

다섯째, 폐경 나이가 연장된다. 여성들의 대부분은 50대 전후면 폐경기를 맞이한다. 여기에는 개인차가 있는데, 대체로 운동하지 않는 여성들의 폐경이 빠르다. 운동을 하며 규칙적인 생활을 하는 여성들은 예순 살 전후에 맞이하나 운동하지 않는 여성들은 쉰 살이 되면 폐경과 함께 갱년기 증상으로 고통을 겪는다.

여섯째, 최고의 정력제는 운동이다. 남성들은 흔히 발기부전이라는 성적 고통을 겪는다. 그 원인은 대개 순환계의 문제이거나 건강이 안 좋거나 육체·정신적 피로의 결과인데, 쉬운 방법으로 정력제를 찾는다.

우리가 흔히 정력제로 알고 있는 꿀·인삼·뱀·장어 등은 몸에 열을 생기게 하는 역할을 한다. 그러나 사실 성기능 향상은 혈액순환에 달려 있다.

구하기 어렵고 비싼 식품을 먹는 것보다는 혈액순환을 돕는 걷기·등산·수영·자전거 타기 등 유산소 운동이 훨씬 정력 향상에 도움이 된다.

많은 사람들이 부부간에 사랑한다고 말을 한다. 당신은 진정으로 남편을 아내를 사랑하는가? 상대방을 위한다면 지금부터 당장 운동을 시작하여 튼튼하고 아름다운 몸매를 만들어보라.

1896년 아크로폴리스에서 열린 제1회 근대올림픽대회의 주 경기장은 6만 명 수용 규모의 경기장으로 하얀 대리석으로 지어졌는데, 이 아름다운 경기장에서 근대 최초의 올림픽이 열렸다. 그런데 이 경기장 한쪽 구석에는 재미있는 석상 기둥이 하나 있다. 한쪽에는 축 늘어진 남성의 심볼을 가진 젊은이의 얼굴이 있고, 반대쪽에는 힘차게 위로 솟은 남성의 심볼을 가진 노인의 얼굴이 조각되어 있다. 이 조각상의 의미는 이렇다. 아무리 젊은 사람이라 해도 운동을 하지 않고 게으름을 피우면 정력이 떨어지고, 나이를 아무리 많이 먹어도 평소 열심히 운동하여 건강을 유지하면 젊은이 못지 않은 정력을 유지할 수 있다는 것이다. 이처럼 운동은 우리가 미처 생각지도 못한 많은 이로움을 선사한다. 그래서 운동은 어려서부터 하면 할수록 좋은 것이다. 반면 정신적으로 얻는 이로움의 첫째는 긍정적인 사고를 하게 된다. 평소 심장에서 혈액을 내뿜으면 혈관이 수축되어 있어 온몸 구석구석까지 도달하지 못한다. 하지만 운동을 하면 평소보다 많은 산소와 혈액을 온몸으로 보내기 때문에 스트레스가 해소된다.

주말에 등산이나 마라톤과 같은 운동을 하고 난 후 3일 이상 몸이 가벼워짐을 느껴 보았을 것이다. 이는 긍정적인 사고로 연결되고 일에도 적극적인 마음 자세를 갖게 되어 업무 성과도 매우 높다.

ⓒ 여행가 김동주님께서 사진을 제공해 주셨습니다

둘째, 집중력이 생긴다. 허황된 생각이나 잡념이 없어지고 마음이 안정되어 집중력이 생긴다. 똑같이 1시간을 공부한다 해도 집중적으로 하게 되면 효과는 월등히 높아진다.

셋째, 자기계발 시간을 확보할 수 있다. 운동을 하면 다른 일을 할 수 있는 시간이 부족해진다고 생각하기 쉽지만 의외로 자신만의 시간을 더 많이 확보할 수 있게 된다. 말하자면 운동은 일을 할 수 있는 에너지를 만들기 때문에 일을 열심히 할 수 있게 되는 것이다. 따라서 낭비하는 시간도 줄고, 몸도 건강해진다.

넷째, 인내력을 기르게 된다. 운동을 하다보면 때론 힘든 순간이 온다. 이때 이를 참고 견디다 보면 끈기가 생기게 되는데, 이러한 끈기가 살아가면서 부딪치게 될 어려움을 슬기롭게 극복할 수 있는 밑거름이 된다.

말하자면 운동을 하는 것이 당장은 시간 낭비처럼 보일지도 모르지만 결국에는 성인이 되어서 직장 및 사회생활을 할 때 원동력이 된다.

살펴본 바와 같이 운동은 신체적·정신적으로 이로움을 제공하기 때문에 매일매일 밥을 먹듯이 거르지 않고 꾸준히 해야 한다. 운동을 한 사람과 그렇지 않은 사람의 차이는 뚜렷하게 구별된다. 성격과 일 하는 모습도 전혀 다르다.

대부분의 사람들은 운동은 건강만을 위하여 하는 것으로 잘못 알고 있다. 성공적인 삶을 살기 위해서는 운동을 꼭 해야 한다. 특히 공부를 하는, 즉 정신 노동을 하는 사람은 누구보다 운동이 필요하다. 똑같이 하루를 보낸다고 할 때 학습, 연구와 같은 정신 노동을 하면 몸이 개운하지 않고 항상 찌뿌듯한 느낌이 든다. 아침에 일어날 때 머리도 몸도 무거움이 그렇다. 그래서 운동을 함으로써 땀을 흘려 혈액순환을 시켜 생동감 있게 만들어야 업무 능률이 오르고 운동 중에도 좋은 생각이 떠오른다.

그럼 운동을 하는 사람은 운동 중에 무슨 생각을 할까?

나의 경우 그날 할 일을 우선 떠올리면서 새벽 운동을 시작한다. 그리고 어제 잘못한 일은 무엇인지, 과식과 과음은 하지 않았는지, 타인의 의견을 존중하지 않았는지 등을 떠올린다. 나아가 한 주를 어떻게 보내는 것이 효과적인지, 내년에는 어떤 목표를 세울 것인지 등도 계획하여 본다. 그러면서 인생의 꿈을 이루기 위하여 오늘도 열심히 살 것을 다짐한 후 운동을 마친다.

사실 몸과 마음은 같이 움직인다고 해도 과언이 아니다. 몸이 피곤하거나 지치면 정신이 해이해져 일에 싫증을 느끼다 보니 성과가 낮다. 게다가 정신적으로 충격을 받게 되면 몸도 영향을 받아 의욕도 상실된다. 몸과 정신이 밀접한 관계에 있기 때문이다.

따라서 성공하기 바란다면 '하루에 30분만 운동에 투자해도 자신의 운명을 바꿀 수 있다'란 말을 명심하라.

웃어라, 삶의 이력서가 바뀐다

설문 조사에서 처음 사람을 대할 때 맨 먼저 어디를 보느냐는 질문에 얼굴이라고 대답하는 사람이 가장 많았다. 이 자료에서 알 수 있듯 얼굴은 그만큼 중요하다. 얼굴에 자신이 살아온 삶과 이력서가 묻어나기 때문이다.

링컨 대통령은 '마흔이 넘으면 자신의 얼굴에 책임을 져야 한다'고 했다. 이는 마흔 살 이후에는 얼굴이 그 사람이 살아온 삶을 대변해 주기 때문에 잘 살아야 한다는 의미이다.

일반적으로 신체 부위 중 가장 멋졌으면 하는 부위는 당연 아름다운 얼굴을 갖고자 하는 욕구일 것이다. 그래서 코를 높이고 얼굴을 고치는 등의 성형수술을 하느라 극성을 떤다. 하지만 이런 행위는 그릇된 마음과 잘못된 식생활을 고치기 전에는 아무 소용이 없다. 그 사람의 품격이나 인상을 좌우하는 것은 마음가짐에 달려 있기 때문이다. 열심히 운동하고 부지런한 생활을 하면 젊은 사람들 못지 않은 미모를 유지할 수는 있지만 인상은 인위적으로 고치기 어렵다. 이는 얼굴 근육 하나하나가 생각의 영향을 받아 시시각각 변하여 자신의 본성을 반영하기 때문이다.

평소 화를 잘 내거나 욕심이 많고, 부정적인 견해를 가진 사람의 얼굴은 어떠한가? 고집스러워 보이며 사납거나 근육이 뭉쳐진 듯한 것을 볼 수 있다. 그러나 부지런한 사람의 얼굴은 단단해 보이며, 운동을 하며 몸을 가꾸는 사람의 얼굴은 윤기가 흐르는 등 탄력을 느낄 수 있다. 말하자면 평소 잘 웃고 긍정적이고 부지런하며 상대방을 배려하고 성실하게 살아가는 사람의 얼굴은 편안해 보이며 미소 띤 모습이 어린아이처럼 순진하게 보이기까지 한다. 오직 살아온 그대로만 보여주기 때문에 그렇다.

요즈음은 이렇게 내면적 본성을 다듬어서 얼굴을 환하게 가꾸려 하기보다는 대부분 화장으로 자신의 얼굴을 가꾸거나 성형 수술을 하여 얼굴을 꾸민다. 그러나 이러한 인위적인 얼굴 꾸미기는 언제까지 가능한 것이 아니다. 일흔이 넘으면 노화로 인하여 아무리 꾸며도 한계가 있다. 과거 성형 수술을 한 부분이 변형되어 추해 보이기까지 한다.

이런 의미에서 볼 때 레오나르도 다 빈치$^{\text{Leonardo da Vinci}}$의 '최후의 만찬'에 관련된 일화는 매우 흥미롭다. 결론적으로 말해 '바른 생각'을 하면 우리의 얼굴이 아름다워지고, '그릇된 생각'을 하면 추한 모습으로 변한다는 것을 말해준다.

그럼 지금부터 그 그림에 얽힌 이야기를 따라가 보자.

그는 예수님과 12명의 사도를 그리기 위해 생존 인물을 모델로 삼기로 했다. 그래서 그가 그림을 그리기 위하여 제일 먼저 한 일은 깨끗하며 죄를 지을 것 같지 않은 순박한 얼굴을 찾는 것이었다. 그러던 어느 날 다행이 그에 어울릴 것 같은 청년을 찾았고, 그를 모델로 하여 6개월에 걸쳐 예수님의 모습을 완성할 수 있었다. 그 후 6년에 걸쳐 나머지 12명의 제자 모습도 그려 나가고 있었다. 하지만 그는 마지막 딱 한 사람, 예수님을 배반하고 밀고한 유다의 얼굴을 도저히 그릴 수 없었다. 그래서 또다시 수소문하여 경직되고, 고집스럽고, 범죄형처럼 보이는 인물을 물색하였지만 쉽지 않았다. 그러던 어느 날 유다를 닮은 인물이 있다는 소문을 듣고 그를 만나러 갔다. 그는 갖가지 범죄를 저지르고 살인을 하여 사형 집행을 기다리고 있는 몸이었다. 다 빈치는 왕의 특별 허락을 받아낸 후 그 죄수를 모델 삼아 마침내 유다의 모습을 완성할 수 있었다. 그 후 그는 그 죄수를 데려 가라고 했다. 그러자 죄수가 갑자기 다 빈치 앞으로 달려와 울면서 말했다.

"저를 보시오. 저를 모르시겠습니까? 선생님은 7년 전 제 얼굴을 보고 예수님 얼굴을 그리지 않았습니까?"

이는 평소 어떠한 생각을 갖고 어떻게 행동하느냐에 따라 얼굴은 전혀 다른 모습으로 변한다는 사실을 잘 말해 주고 있다.

자식을 보면 그 부모가 어떠한 생각을 갖고 사는지를 알 수 있다. 부모가 성실하게 열심히 살아가는 2세들의 얼굴은 두툼하고 복스러운 형태를 하고 있다. 그러나 아무리 돈이 많다 해도 부모의 생각이 건전하지 못하면 어쩐지 탁해 보인다. 요컨대 부모를 보면 자식을 알 수 있고 자식을 보면 부모가 어떠한 생각을 갖고 사는지를 알 수 있다.

주위 사람들만 둘러보아도 이러한 모습은 확연히 나타난다. 2,3년 정도 보지 못한 모습들을 보면 놀라움을 금치 못할 때가 종종 있다. 평범하던 얼굴이 고집스럽고 일그러진 얼굴로 변한 모습을 선명하게 느낄 수 있기 때문이다. 물론 반대의 현상도 마찬가지이다. 이렇듯 사람의 마음 상태뿐만 아니라 평소 대수롭지 않게 생각하고 있는 식생활도 얼굴에 크나큰 영향을 미친다.

요즘 청소년들은 빵·튀김·라면·과자 등의 밀가루 음식과 콜라 등의 탄산음료, 즉 인스턴트 식품을 즐겨 먹는다. 도서관의 책상 위에도 이러한 것들이 놓여 있다. 문제는 이런 식생활은 피부를 거칠게 하고 검버섯 모양의 트러블을 발생시켜 얼굴을 망가뜨림은 물론 이를 쉽게 상하게 한다는 데에 있다. 나아가 집중력도 떨어뜨린다는 조사 결과도 있어 충격을 안겨 주고 있다.

내가 영국, 프랑스, 독일 및 북유럽 국가와 미국, 캐나다를 돌면서 느낀

것이 있다. 그들의 얼굴은 한결같이 거칠고 두텁게 보였다. 그 원인을 찾아본 결과, 여러 요인 중 먹거리가 차지하는 부분이 컸다. 바로 육식이 주식이기 때문이다. 그런데 재미있는 현상은 유난히 탄력 있고 젊어 보이는 피부를 가진 우리나라의 50대 성인 남녀를 대상으로 평소 즐겨 먹는 음식의 종류를 조사한 결과 주로 신선한 채소와 과일로 나타났다. 이는 먹거리가 피부의 상태를 결정짓는다는 것을 알려준다.

지금 거울을 들여다보라. 당신의 얼굴이 고요하고 편안해 보이는가 아니면 이기주의와 탐욕으로 얼룩져 있는가? 말하자면 사람의 얼굴은 그가 인생을 어떻게 살아 왔는지, 현재 어떤 기분인지, 상대에 대하여 어떤 감정을 갖고 있는지, 즉 지금의 자리를 지루해 하는지, 불편해 하는지 등을 드러낸다. 요컨대 과거 그 사람의 행동과 생각이 오늘의 얼굴을 만들며 오늘의 삶이 내일의 얼굴을 창조한다. 말하자면 생각·행동·음식·성실·게으름 등 모든 것을 포괄하는 현재의 얼굴은 지금까지 살아온 자기 자신 인생의 이력서와 같은 것이다.

사실 얼굴의 노화를 완전히 막을 수 없지만 마음의 얼굴을 아름답게 가꾸는 노력은 필요하다. 따라서 1년 정도만 긍정적으로 행동하고 올바른 식습관을 가지면 얼마든지 아름다운 얼굴로 가꿀 수 있다. 말하자면 건강한 생활 습관, 긍정적인 생각, 상대방에 대한 배려, 봉사하는 마음이 있으면 맑은 얼굴을 가질 수 있다.

얼굴 근육은 30대부터 굳기 시작하여 40대가 되면 밥 먹는 근육과 수다

떠는 근육만 남는다는 속설도 있다. 특히 잘 안 웃는 사람일수록 얼굴 근육이 빨리 굳게 된다.

따라서 지금 당장 거울을 보며 억지로라도 웃는 연습을 해보라. 또는 잠자기 전이나 아침에 일어나 웃는 연습을 해보라. 효과는 분명히 있다. 나아가 따뜻한 마음과 웃음만이 최고의 아름다움과 품격 높은 얼굴을 만든다.

당신의 감성지수가 성공을 결정한다

사람의 대뇌는 좌뇌와 우뇌로 구별할 수 있는데, 고등 정신 활동에서 양쪽 뇌의 활동 분야가 다르다. 좌뇌는 일반적으로 언어의 뇌라고 일컫는데, 이는 숫자나 읽고 쓰고 계산하는 기능 및 논리적인 사고를 담당한다. 반면 우뇌는 공간 인식의 기능을 담당하고 있어 몸 속으로 들어오는 정보를 종합적으로 파악하고 감성적인 분야를 관장한다.

사람은 일반적으로 어느 한쪽 뇌가 더 발달되어 있는데, 발달된 뇌를 더 많이 사용하는 경향이 있다. 이는 잘하는 것을 더 잘 하고 잘 못하는 것을 기피하는 성향과 같다.

좌뇌가 발달한 사람은 지능지수가 높은데, 대기업에서 채용하는 인재

중에는 이와 같은 부류의 좌뇌형 인재가 많다는 통계가 있다. 기억력이나 논리에 강하지만 상상력이나 감성에는 약한 것이 이들의 특징이다.

반면 우뇌형 인간은 감성지수가 높다. 이들은 공부에서는 두각을 나타내지 못하지만 좌뇌형 인간에 비해 인간 관계가 좋은 편이다. 이들 몸 안에는 겉으로 드러나지 않는 무한한 잠재력이 내포되어 있어 발전 가능성이 매우 높다. 또한 인체에 열이 많은 관계로 열정적이어서 공부보다 활동적인 것을 더 선호하며 열로 인하여 오래 앉아 있지 못하고 집중력도 상당히 부족하다. 따라서 우뇌형 인간은 공부보다는 적성에 맞는 활동적인 분야로 진로를 결정하는 것이 좋다. 비록 공부에는 취미가 없어도 감성지수가 높기 때문에 사회에 나오면 성공할 확률이 매우 높기 때문이다. 이들은 한 가지 이상의 취미 생활을 하고 있으며, 규칙적인 운동을 통해 건강을 다짐은 물론 운동을 통한 스트레스 해소 방법도 안다.

또한 성공한 사람들의 실화나 위인전 등을 읽고 그런 사람들을 닮으려고 노력한다. 보통 학창 시절 공부 못하던 친구가 사회에 나와 크게 성공하는 유형이 이러한 부류이다. 공부하는 머리가 그다지 좋지 않기 때문에 열심히 노력해도 노력하는 만큼 높은 점수를 받기 어렵지만, 성격이 적극적이고 열성적이기 때문에 일을 잘해 낸다.

교육 심리학자에 의하면 지능지수는 사회적·경제적 성공의 15퍼센트 정도의 역할밖에 못하는데 비해, 감성지수는 85퍼센트까지 성공을 예측할 수 있다.

이는 감성이 사회적·경제적인 성공에 얼마나 중요한가를 나타내준다. 지능지수는 유전적·선천적인 영향이 절대적이기 때문에 교육으로 크게 향상되지 않는다. 즉 당신의 노력으로 높일 수 있는 부분이 아니다. 반면 감성지수는 타고난 영향에 관계없이 후천적인 영향과 본인의 노력으로 얼마든지 높일 수 있다.

감성지수가 높은 사람은 자신의 감성을 잘 알고 조절하며, 충동적으로 행동하지 않고 기분 나쁜 일이 있어도 스트레스를 잘 극복한다. 어떠한 일을 계획할 때도 자신의 능력을 고려하여 진행하며, 타인을 배려하는 면이 많아 인간 관계가 원만하여 주위 사람들로부터 인기가 좋다. 이들은 성격이 적극적이고 낙천적이어서 매사를 긍정적으로 보기 때문에 정신적으로도 건강하다. 이처럼 높은 감성지수를 보이는 사람들은 여러 장점을 많이 가지고 있다.

따라서 아이가 지능지수가 낮아 공부 못한다고 걱정하기보다는 아이의 성향을 알아 적성에 맞는 일을 찾아준다면 아이가 사회에 진출하여 성공할 확률도 높아진다. 즉 사람마다 다양한 재능이 있다는 것을 인식하고 각자의 삶을 영위할 수 있도록 도와줘야 한다.

하지만 우리나라 부모들은 아이의 다양한 재능을 잘 믿지 않는데, 이는 지능지수에 많은 관심을 두고 가치를 부여하는 것에서 알 수 있다. 사실 지능지수는 기억력·추리력·계산력·언어능력·공간지각력 등의 능력을 측정하여 점수로 나타내는데, 이러한 단편적인 잣대로는 사람의 무한한 잠재력을 측정할 수 없다. 그래서일까?

선진국에서는 지능지수가 불확실하고 단순하다고 평가되어 사람들의 관심 밖으로 벗어난 지 오래이다. 하지만 후진국으로 갈수록 지능지수에 대한 환상을 버리지 못하고 지능지수만 좋으면 공부를 잘해 성공을 보장 받을 수 있다고 믿는다. 그래서 정직・성실・배려 등과 같은 감성적인 교육보다는 영어・수학 등의 지적 능력을 키우는 데만 열을 올린다. 하지만 미래는 국경이 없는 경쟁 체제 아래에서 지식 정보화 시대를 뛰어넘어 창조력이 지배하는 시대로 돌입할 것이다. 이때 이러한 창조력은 감성지수가 높아야만 가능하다.

종합적으로 볼 때 미래의 성공은 지능지수보다는 무한한 잠재력을 지닌 감성지수가 좌우한다고 할 수 있다. 감성지수는 인간관계의 핵심이기 때문이다. 그럼에도 불구하고 당신은 여전히 지능지수를 고집할 것인가?

거북이식 인생 성공법

성공하는 나이를 보면 그 사람이 어떻게 살아왔나를 알 수 있다. 또한 살아가는 모습을 보면 성공하는 나이도 예측할 수 있다. 인생을 살아가면서 한 번은 최전성기가 오는데, 어떤 사람은 40대에 오는가 하면 또 어떤 사람은 50대에 온다. 이러한 차이는 무엇 때문인가? 성공을 위한 필수 조건의 차이라고 할 수 있다. 그렇다면 성공을 위한 필수 조건은 무엇인가? 결론적으로 말하면 성실이다.

일반적으로 기업이나 개인, 직장인 할 것 없이 인생의 쓴맛을 경험하지 않고 성공하기란 쉽지 않다. 이러한 성공은 어느 날 갑자기 하늘에서 뚝 떨어지듯 찾아오지도 않는다. 삶의 과정에 얼마나 성실했느냐에 따라 그 시가 달라지는데, 성공이 빠른 사람은 인생의 초반에도 온다. 이때 늦게까지 그 성공을 얼마나 잘 이끌어 가느냐가 중요하다.

  그런데 삶은 아이러니컬하게도 이른 나이에 성공하면 주위에 진정한 친구가 없다. 흔히 돈을 보고 모여들었기 때문이다. 즉 이득 보려는 사람만이 모여들었기 때문에 혹여 어려움의 조짐이 있으면 모두 떠나버리는 것이다. 물론 돈도 명예도 젊은 나이에 성취하여 늙어서까지 유지하면 좋겠지만 삶은 그렇게 호락호락 넘어가는 법이 없다. 크게는 자연재해로부터 작게는 사건·사고가 이를 방해하기 때문이다.

  공든 탑이 무너질 리 없다. 따라서 젊었을 때부터 기초를 튼튼히 다진 성공이어야만 말년이 되어서도 튼튼할 수 있다.

  한편 인생의 중반에 성공한 사람은 공직자나 회사원처럼 직장 생활을 하는 경우가 많다. 직장에서 다른 사람보다 일찍 승진하려면 내적·외적으로 많은 노력이 필요하다. 그럼에도 불구하고 간혹 다른 사람보다 먼저 승진하기 위하여 수단과 방법을 가리지 않는 경우도 있다. 이렇게 외적인 면에 치중하여 빠르게 승진한 사람, 즉 다른 사람을 어렵게 하면서 승진한 사람은 그 자리를 지키는 기간이 짧다. 또한 이들은 자신만이 성공하려 하기 때문에 자녀에게 물려 줄 마음의 여유가 부족하여 그들 교육에 있어서도 실패하는 경우가 많다.

  살펴본 바와 같이 성공은 인생의 초반에, 또는 중반에 올 수도 있다. 하지만 그 토대가 부실하면 진정한 성공의 모양을 이룰 수 없다. 따라서 가장 이상적인 성공은 인생의 후반에 오는 것이라 할 수 있다.

정직하고 부지런한 사람은 다른 사람을 아프게 하면서 성공하려 하지 않는다. 이들은 자신의 꿈을 이루고자 하루하루 열심히 살아가고, 노력하는 만큼 성공이 더디다. 그 결과 성공의 기회는 보통 쉰 살이 넘어야 찾아오고, 최전성기는 예순이 넘어야 온다고 할 수 있다. 그들은 욕심을 부린다거나 타인을 곤란하게 하지 않기 때문에 때로는 답답하게 보일지 모르지만 이들은 큰 꿈을 갖고 있기에 절대로 무리하지 않는다.

성공한 사람들을 보라. 그들은 한결같이 원칙을 갖고 착실하게 살아온 사람들이다. 계획한 것은 반드시 실천하되 결코 대충대충 하지 않는다. 말하자면 그들은 운동을 하고, 약속 시간을 엄수하고, 타인에게 성의껏 대한다.

정직하면 정직할수록 성실하면 성실할수록 정상에 올랐을 때 그것을 유지하는 기간 또한 길다. 그리고 악한 끝은 없어도 착한 끝은 있다는 말처럼 때로 늦게는 자식 대, 혹은 손자 대에 이르러 그들 성공에 영향을 미치는 경우도 있다. 이것이 늦게 돈을 벌고 출세를 해야 하는 이유이다.

성실은 성공을 위한 필수 조건이다. 단기적인 성공은 성실함 없이도 가능할 수 있지만 장기적인 성공은 성실함 없이는 불가능하다. 따라서 자연의 순리에 맞추어 살아가는 당신이라면 성공할 수 있다.

인생 3막을 위한 준비를 미리 하라

우리의 삶을 흔히 연극 무대에 비유하곤 하는데, 인생은 크게 3막으로 나눌 수 있다. 1막은 태어나서 학창시절을 거쳐 직업을 갖고 결혼을 하면서 경제적으로 독립하게 되는 서른 살 전후이며, 2막은 사회에서 왕성하게 활동하는 시기로 보통 자녀를 부양하며 자신의 주도 하에 삶을 전개하는 기간으로 직장 생활을 마칠 쉰 살 전후를 말한다. 그리고 3막은 직장 생활을 마친 후의 자유로운 삶이 그것이다.

보통은 어려서부터 자연스럽게 인생의 2막을 준비한다. 흔히 명문 대학을 졸업하고 대기업에 취직하면 성공했다고 한다. 그래서 이런 삶을 살고자 밤잠을 설쳐가며 노력하는 것이다. 이러한 고생 끝에 입사하면 바쁘다는 핑계로 책과는 담을 쌓게 된다. 그리고 주말에는 주중에 못

잔 잠을 늦도록 자거나 운동・등산・낚시 등 동호회 활동이나 취미 생활로 시간을 보낸다. 한마디로 바쁘게 생활하지만 실상은 인생의 뚜렷한 목표 없이 실속 없는 생활의 연속인 것이다. 이러한 날이 하루하루 이어지다 보면 아이들은 어느새 훌쩍 성장하여 대학에 진학을 해야 하거나 결혼을 해야 할 때에 이르는데, 이때면 퇴직을 해야 된다. 그래서 불안한 마음에 앞날을 걱정하지만 뾰족한 방법이 없다.

퇴직 후 처음 몇 개월은 전직 동료들이 그 동안 노고를 위로한답시고 밥도 사고 술도 사고 등산이나 운동에 초대할 것이다. 그러나 일정 시간이 지나면 친구들이나 직장 동료들과도 자연히 관계가 소원해져 집에서 보내는 시간이 많아지게 된다. 그러면 처음에 우호적이든 가족들마저 시간이 흐름에 따라 가끔 불만을 토로하고 심지어는 눈총까지 받게 된다. 유일하게 우군이라 여겼던 아내조차도 잔소리를 늘어놓아 눈치를 보아야 할 대상이 된다. 밖에 나가도 상황은 마찬가지이다. 노인정에 나갈 나이는 못되고 누구 하나 반겨 주는 사람이 없다. 그제서 후회한들 무슨 소용이 있겠는가?

모 은행의 지점장 김준호 씨는 시간만 나면 예외 없이 낚시 도구를 챙겨 강이나 바다를 찾아다닐 정도로 낚시에 미치다시피한 낚시광이었다. 그는 항상 입버릇처럼 퇴직하면 연금 타서 낚시로 소일을 하며 보낼 거라고 말했다. 그런 그가 일선에서 물러났다.

처음 2,3개월 정도는 말처럼 낚시만 다녔다. 하지만 3개월쯤 지나자 낚시 가는 횟수가 줄어들더니 끝내는 낚시에 싫증을 냈다. 이는 사람이 시간이 없어서 불행한 것이 아니라 시간이 많아서 주체할 수 없기에 불행해진다는 것을 말해 준다.

보통은 부지불식간에 20년 이상 하루 8시간 이상 일을 해온 습관에 젖어 있다. 하지만 아무리 좋은 것이라도 8시간 동안 계속해서 할 수는 없다. 이를테면 8시간 동안 계속해서 먹는 것은 불가능하다. 또한 8시간 동안 계속해서 마실 수도 없다. 하루 8시간 동안 지치지 않고 할 수 있는 일은 오직 일뿐이다. 일을 통해서 배우고, 인생의 참맛을 느낀다고 볼 때 우리는 일과 함께 하루라는 시간을 즐기기도 한다. 그래서 적당한 일거리가 있어야 안정되고 활기찬 생활이 지속될 수 있는 것이다. 그리고 대개는 늦어도 예순 살 정도에 이르면 자의든 타의든 퇴직을 해야 한다. 그리고 퇴직 후의 긴 노년기를 아름답게 보내기 위해서는 건강과 돈과 친구 그리고 자신만의 일거리가 있어야 한다.

그런데 퇴직 후 30년 이상의 세월을 당신은 무엇을 하며 지낼 것인가?

누구나 한 번쯤 젊었을 때 놀아본 경험이 있을 것이다. 그때의 그 잠깐의 기억을 떠올려 보면 놀기보다 어려운 일은 없는 것 같다는 생각이 든다. 그런데 30년 이상 아니 40년 이상을 하는 일 없이 빈둥빈둥 보낸다고 생각해 보라. 얼마나 끔찍한 일인가. 더구나 향후 50년 안에 평균수명이 백 살을 훌쩍 넘어 백이십 살이 될 것으로 예상하고 있으니 말이다. 이미 미국과 일본은 백 살 시대에 돌입한 지 오래이다.

그래서 인생의 기나긴 여정을 외로움을 삼키며 혼자서 뛰는 마라톤 코스에 비유하곤 한다. 마라톤을 해 본 사람은 가장 힘든 구간이 35km 지점부터임을 잘 알 것이다. 종종 최종 순위는 골인 지점을 얼마 남겨놓지 않고 바뀐다. 이때 순위를 결정하는 것은 반환점 이후의 코스를 어떻게 설계할 것인지를 고민하고 준비하는 태도에 달려 있다. 이처럼 우리 인생의 승패는 마지막 기간에 달려 있다고 해도 과언이 아니다. 그 동안 인생의 3막인 30년 정도를 위하여 경제적·육체적·정신적으로 잘 준비한 사람은 앞으로 펼쳐질 미래에 거는 기대가 크다. 분명 행복할 테니 말이다. 말하자면 젊은 시절 미래를 위해 묻어 두었던 것들을 하나씩 하면서 멋지고 보람 있는 노후를 보내게 될 것이기 때문이다.

인생이 즐겁고 풍요롭기를 바라는 소망은 누구나 같다. 특히 어른들은 더더욱 그렇다. 어른들은 이제껏 살아온 날보다 앞으로의 시간을 더 소중하게 받아들일지도 모른다. 인생의 의미에 대해 알기 때문일까? 그래서인지 나이 들수록 삶에 대해 애착을 더 드러내는 것이 어른들의 진정한 마음인 듯하다. 죽어야지 죽어야지 하면서 내뱉는 말은 그만큼 살고 싶다는 강한 욕구를 반어적으로 표현하는 것에 불과할 테니까.

사실 젊었을 때부터 미래를 위해 준비해 놓은 것 없이 노후를 행복하게 살기 바라는 것은 욕심만 앞서는 것이다. 그래서 인생 3막의 준비가 필요한 것이다. 30년을 위해 20년 이상 공부했듯이 3막을 보람 있게 장식하려면 20년 이상, 최소한 10년 이상은 준비해야 한다. 이때 대부분의 사람들은 경제력만 있으면 안락한 노후를 보낼 것으로 생각하는데, 오로지 돈을 모으는 데만 시간과 노력을 투자한 사람은 행복하게 사는 방법을 모르기 쉽다. 물론 어느 정도의 돈은 꼭 필요하다. 하지만 돈을 가장 중요한 것으로 간주하다보면 건강의 중요성이나 친척이나 친구들과의 관계를 등한시하게 된다.

사실 젊었을 때는 모르지만 나이가 들어 은퇴를 한 후에 알게 되는 진실이 하나 있다. 건강하고 좋은 친구와 벗하며, 운동을 하거나 악기를 다루며 여가를 즐길 수 있는 생활은 돈으로 해결되지 않는다는 것이 그것이다. 은퇴를 앞둔 사람들이 경제적으로 여유가 있어야 한다는 사실을 모르는 사람은 없지만 꾸준히 운동을 하여 건강한 생활을 할 수 있는 몸을 만들거나 좋은 친구들과 관계를 돈독히 하는 일, 그리고 혼자 할 수 있는 일을 찾아 그 일을 즐긴다거나 심리적·사회적인 부분과 같은 인생의 여러 가지 면면들을 함께 준비해 두어야 노후를 행복하게 보낼 수 있다는 사실은 간과하고 있다.

특히 현재 CEO·정치인·고위 관리 등 화려하게 보이는 그들은 은퇴 후의 삶의 준비가 필요 없을 것으로 착각하기 쉬우나 현재 하고 있는 일이 크고 중요하며, 화려하게 퇴직하는 사람일수록 더더욱 노후 준비를 잘해야 한다. 이른바 사회적으로 성공해 선망의 대상이 되는 그들은 퇴임 후 상실감으로 공허함에 우울증으로 고생하는 경우가 비일비재하다. 이는 현역 시절 오로지 일에 매달려 대우만 받고 지내던 화려한 시절과

달리 은퇴 후 모든 것을 혼자 알아서 해야 하는 소시민이 되었을 때 겪어야 하는 엄청난 생활의 차이를 제대로 알지 못했기 때문이다. 말하자면 선거나 경쟁을 통해서 최고위직에 올라 조직 내 모든 사람이 자신의 말 한마디에 울고 웃는 것을 보면서 때로는 부담감도 느끼고 또 때로는 쾌감도 느끼면서 화려한 시절이 계속되리라 여겼으나 착각은 순간이었고 현실은 냉정할 뿐이다.

인생의 3막이 펼쳐지면서 꼭 해보고 싶은 일, 좋아하는 일을 하기 시작한다. 시간이 날 때마다 전문가를 찾아가 조언도 듣고 관련 서적도 읽으며 자료 준비를 한다. 요컨대 인생 3막의 30여 년을 행복하게 보낼 것인가, 고행으로 보낼 것인가는 하루하루의 행동에 달려 있다. 따라서 미래를 준비하며 열심히 노력하는 당신만이 말년을 행복하게 보낼 수 있다는 사실을 잊지 마라.

그렇다면 인생 3막을 행복하게 보내기 위해 어떤 준비를 해야 할까?

첫째, 규칙적인 생활을 한다. 당신의 생활 습관을 점검해 보고 잘못된 습관은 고쳐야 한다. 우리나라 노인들은 평균적으로 10년 이상 병상에 누워 지낸다는 통계가 있다. 이는 젊었을 때의 올바르지 못한 생활에서 비롯된 것이다. 만약 당신에게 잘못된 습관이 있다면 늙어서 10년 이상 병상에 누워서 보내야 할지도 모른다. 지금부터 느긋한 마음으로 하나씩 고치도록 하라. 특히 운동을 생활화하도록 하라. 그러면 노후를 건강하게 지낼 수 있다.

둘째, 학습하는 습관을 들인다. 세상이 매우 빠르게 변하고 있다. 이러한 변화에 뒤지지 않으려면 어느 때보다도 평생 학습이 필요하다. 직장에 취직하기 위하여 20년 이상 준비하였듯이 은퇴 후 30년을 위하여 20년 이상 준비해야 한다.

셋째, 책을 가까이 한다. 사람이 늙는다는 것은 나이를 먹는다는 것이 아니다. 꿈을 잃어 가는 것이다. 독서는 우리에게 꿈꾸는 법을 잊지 않도록 해주기 때문에 책을 손에서 놓지 않는 사람이 늙지 않는 것이다.

비록 물리적인 나이를 먹을지는 모르지만, 정신은 항상 깨어 있어 꿈꾸는 영혼으로 남아 그 누구보다 아름답고, 강하고, 맑은 세상을 열어갈 수 있다.

넷째, 생활을 알뜰히 한다. 살아가면서 한 번쯤 생각지도 않게 많은 돈이 벌리는 기회가 있지만 그 시기는 오래 지속되지 않으며 다시 오는 경우도 드물다. 젊어서 돈이 잘 벌린다고 낭비하는 습관이 들어서 정작 노후에는 돈이 없어 쩔쩔맬 수 있다. 따라서 젊어서부터 아껴 쓰는 습관을 들여 노후에 경제적으로 안정을 이루는 것이 좋다.

다섯째, 악기를 하나 정도 다룬다. 나이 들수록 혼자 있는 시간이 많아지고 외로움을 느끼기 쉽다. 그러나 자신이 다룰 수 있는 악기가 하나 정도 있으면 무료한 시간을 즐겁게 보낼 수 있다.

마지막으로 죽음에 대한 준비를 한다. 한마디로 말하면 고통 없이 건강하게 살다 어느 날 잠을 자면서 죽기를 소망하는 것이다. 그런데 이러한 소망도 오랜 시간 간절히 원해야 한다. 그래야 마음먹은 대로 이루어진다.

　이처럼 어떤 죽음을 맞이할 것이지 소망해야 한다. 그리고 이러한 소망을 이루려면 연습이 필요하다. 지금부터 겸허한 마음으로 준비하는 것은 어떤가?

삶에 숨겨진 배려와 나눔의 비밀

유럽이나 미국과 같은 선진국 사람들이 잘 살 수밖에 없는 까닭은 무엇일까? 첫째는 독서이고, 둘째는 법과 질서이고, 마지막으로 봉사가 그것이다.

나의 이야기를 꺼내보자. 처음 미국에 갔을 때의 일이다. 참으로 인상적이었던 것은 작은 동네마다 도서관이 있을 정도로 책 읽는 문화가 생활화되어 있다는 것이다. 또한 수준 높은 질서 의식도 빼놓을 수 없다. 두 개의 차선이 갑자기 하나의 차선으로 좁혀지는 길에서 병목 현상에 의해 수많은 차량이 많은 시간을 기다려야 함에도 불구하고 불평 없이 순번을 지키면서 교대로 움직였다. 그런 모습을 보고 상대방을 배려하는 법과 질서가 봉사 문화와 아주 밀접한 관계가 있다는 것을 느꼈다.

170 성공의 약속

법과 질서는 나라의 경제에 큰 영향을 미치는데, 실제로 한 경제학자는 '우리나라 국민들이 질서만 잘 지켜도 GNP가 3퍼센트 정도 상승한다'고 말한다.

사람들은 흔히 법과 질서를 지키면 자신만 손해 본다는 생각을 갖지만 사실은 그렇지 않다. 손해보다는 자신의 삶을 자유롭게 하고 편리하게 해준다. 요컨대 진정한 국가 경쟁력의 바탕은 법과 질서 지키기, 그리고 원칙을 준수하는 정신에서 나온다.

우리나라는 고속 성장으로 빠르게 경제가 발전하다 보니 정신이 물질을 따르지 못하고 있는 실정이다. 따라서 경제적으로는 윤택할지 모르지만 여러 부문에서 여전히 후진성을 보이고 있다. 특히 먹고 쓰는 생필품 부분에 낭비가 심한 편인데, 타인에게 잘 보이고자 자기를 과시하기 때문이다. 이를테면 큰 집, 좋은 자동차, 비싼 옷이나 화려한 가구 등을 필요하기 때문이 아니라 과시하기 위해 구입하는 성향이 그것이다. 그렇다 보니 정작 남을 위하여 베푸는 데는 인색하다. 물론 선진국이라고 과시하기 위해 돈을 쓰는 사람이 없는 것은 아니다. 다만 과시용으로 집·자동차·가구 등을 구입하는 사람이 후진국의 사람들보다 훨씬 적고, 대체적으로 소박하게 살아가는 풍토가 형성되어 있다는 점이다. 한마디로 그들은 같은 수입이라도 경제적으로 여유롭고, 타인을 위하여 배려하고 봉사하는 문화가 일반화되어 있다.

미국이 역사적으로 가장 큰 부를 창출하는 나라가 된 까닭도 그 문화

속에 나누어주는 습관—부자는 부자대로 서민은 서민대로 가진 것을 서로 나누어주는 정신이 깊이 자리잡고 있기 때문이다. 미국의 보통사람들은 70퍼센트 이상이 자선활동에 참여하며, 자신보다 어려운 이웃을 위해 나누고 봉사하는 것을 인간으로서 이행해야 할 기본 의무라 생각한다는 한 설문 조사는 이 사실을 잘 말해 주고 있다.

기부 요구가 있을 시에도 기꺼이 낼 뿐만 아니라 많은 돈을 벌면 으레 사회에 기부하는 것을 당연한 것으로 여긴다. 세계적 갑부인 빌게이츠·워렌 머핏·카네기·조지 소로스·록펠러·포드 등이 수십 억 달러를 기부한 사실은 매스컴을 통하여 알고 있을 것이다. 이렇게 미국인들의 기부 문화는 사회 각 분야에서 지속적으로 이루어지는 반면 우리나라는 어떤가? 대부분 청산형 단순 기부로 아직은 기부 문화가 사회 전반에 자리잡지 못하고 있다. 더구나 어쩌다 얼마 정도의 기부를 한 후에는 플래카드를 게시하고 사진 촬영을 하는 등 생색내기에 바쁘다.

그나마 이런 사람들보다는 자신밖에 모르면서 살아가는 경우가 더 많다. 실제로 '나는 인덕이 없다' '나는 운과 인연이 없다'고 말하는 사람은 본디부터 인색한 사람으로 남을 배려한다거나 베풀 줄 모른다는 것을 알 수 있다. 이들은 눈앞에 보이는 이익에 집착하고 손해 보는 일은 절대 하지 않기 때문에 겉으로는 더 많은 것을 가지는 것처럼 보인다. 그러나 내용을 들여다보면 실제적으로는 큰 이익을 얻지 못하고 약삭빠르다는 인식으로 많은 사람들로부터 외면을 받게 된다. 이들은 절대 손해보지 않고 남에게 받을 줄만 알았지 베풀 줄 모르기 때문이다. 결국 주지 않으면 받을 것이 없는 것은 당연하다.

어려운 이웃에게 베푸는 사람들의 공통점은 성공하였거나 사업이 날로 번창한다는 것이다. 당장은 남으로부터 선물을 받고, 대접받는 것이 좋은 것처럼 여겨지지만 베푸는 마음을 가지면 좋은 일이 더 많이 생긴다는 사실을 알아야 한다. 『성서』에도 주는 것이 받는 것보다 더 행복하다는 말이 있지 않은가. 또한 오랜 세월에 걸쳐 증명된 위대한 진리가 있다. 그것은 보상을 바라지 않고 주면 줄수록 전혀 기대하지 않았던 곳에서 훨씬 많은 것을 얻게 된다는 것이다.

말하자면 베풀면 베풀수록 후손에게까지 지대한 영향을 미친다. 요컨대 지식을 가진 사람은 지식을 나누어주고, 지위가 높은 사람은 아랫사람에게 베풀고 아랫사람은 웃사람을 섬길 줄 알고, 어른이나 약자에게 자리를 양보하는 등 타인을 배려할 줄 아는 당신의 삶은 좋은 일로 더 많이 채워질 것이다.

거두려면 먼저 씨앗을 뿌려야 하고, 원한다면 상대방에게 먼저 주어야 한다. 따라서 미소를 원한다면 먼저 웃어야 하고, 부자가 되려면 누군가에게 먼저 베풀 준비를 해야 한다.

더 많이 일하고 양보하면 바보스럽다든가 손해 보는 것처럼 느껴지지만 인생에서 손해보지 않는 사람은 결국 베풀고 양보하는 사람이다.

베풀고 나서 새로 채워지는 기간이 짧을 수도 있고 2,3대 정도 오래

걸릴 수도 있지만 대가를 바라지 말고 항상 베풀라. 이것은 당신을 성공과 행복으로 이끄는 원칙 중에서 가장 중요하다.

우리가 어떤 대가도 바라지 않으면서 자신의 것을 기꺼이 희생한다면 전혀 기대하지 않았던 것에서 희생한 이상의 크기로 그 대가를 되돌려 받게 된다. 그러므로 보상을 바라지 않고 항상 다른 사람에게 베풀고 도와줄 방법을 찾는다면 틀림없이 당신은 큰 보상을 받을 것이다. 사심 없이 즐거운 마음으로 베풀라. 마음의 평화가 오고, 그러면 마음이 안정되니 건강은 덤으로 얻을 수 있게 될 테니….

선천적으로 좋은 습관을 갖고 태어나는 사람은 아마도 없을 것이다. 습관이란 어떤 행위를 오랫동안 되풀이하는 과정에서 저절로 익혀진 행동방식을 뜻하기에 그렇다. 따라서 보통은 자라면서 부모의 영향을 받으면서 열심히 노력한 결과 한 분야의 전문가가 되는 것이다. 베풂도 이와 같아서 어려서부터 몸에 배야 한다. 그렇지만 이렇게 생각하는 사람이 드물기에 성장하면서 이런 생각을 습득해야 당신의 것으로 하나하나 쌓이게 된다.

요컨대 상대방에게 베풀면서 살아가는 데에는 노력이 필요하다. 하루에도 몇 번씩 '베풀며 살기' '친절하기' '좋은 말하기' '배려하기' 등을 마음속으로 되새겨야 한다. 그렇게 하다 보면 이를 점차적으로 하나하나 행동으로 옮기게 되고, 불쌍한 사람을 보면 도와주고 싶은 마음이 일어 작은 것이나마 그들에게 나눠줄 수 있게 된다. 그러면 이러한 행위가 자연히 습관이 되어 행복함을 느끼며 건강하지 않던 몸도 좋아지게 되어 일석이조의 효과를 거둘 수 있다. 나아가 집안에 좋은 일이 일어나는 것도 느낄 수 있을 뿐만 아니라 경제적인 여유도 생기게 된다.

『성서』에 오른손이 하는 일을 왼손이 모르도록 하라는 말이 있다. 참된 도움은 진정한 마음에서 우러나는 법이다. 상대방을 배려한다면 아니 당신 자신을 위한다면 생색내는 배려는 삼가는 것이 좋지 않을까? 사회에 기부를 하거나 기타 방법을 통해 봉사하려 할 때는 속에서 우러나는 마음으로 도와야 참된 봉사를 할 수 있다.

이제 당신 삶에 숨겨져 있는 배려와 나눔의 비밀을 가정, 이웃과 함께 하나하나 풀어 보도록 하라.

훌륭한 프리젠터가 되어라

살아가면서 가장 두려운 대상이 무엇일까? 암, 사업 실패, 실직 또는 죽음이라고 생각할 수도 있다. 그러나 한 연구 결과에 의하면 놀랍게도 다른 사람 앞에서 발표하는 것이다. 조사 결과에서 알 수 있듯이 대부분의 사람들은 남들 앞에서 말하는 것을 기피한다. 이는 실수하거나 잘못하여 웃음거리가 되는 것을 두려워하는 마음이 있기 때문이다.

하지만 당신은 여러 사람 앞에서 자신의 생각을 자신 있게 발표할 수 있다. 그러려면 무엇보다도 실수에 대한 두려움을 없애야 한다. 사회의 여러 분야에서 자신의 목표를 이룬 사람들은 이구동성으로 수많은 실패와 시행착오를 두려워하지 않았다고 말한다. 사실 첫 도전에 성공하기란 쉽지 않다. 하지만 당신의 일에 확고한 의지를 갖고 어려움이 닥쳐도 극복해 나가며 실패한 원인을 분석하고 이를 개선하여 보완하면 결국에는 성공하게 된다. 이때 무엇보다 말하는 능력을 키우고자 부단히 노력해야 한다. 진정으로 기술을 향상하려는 욕구나 목표가 없다면 중도에 포기하기 쉬우므로 성취해야 할 목표 또한 확실하게 세워야 한다. 그 후에는 당신이 발표할 내용을 확인하고 개선해야 할 부분을 반드시 점검해야 한다. 이를테면 굳어 있는 표정 밝게 바꾸기, 의기소침함 대신 자신감 갖기, 딱딱한 어투 부드럽게 만들기 등 자신의 부족한 점을 분석하는 것이다.

그 동안 당신 얼굴이 굳어 있었다면 웃음 띤 환한 표정으로 바꿔 보라. 그리고 발표나 인사말을 할 때 사전에 준비한 원고를 읽는 습관을 버리고, 말에 있는 보이지 않는 법칙을 알아내라. 효과적인 프리젠테이션을 하기 위해 필요한 첫 번째 조건은 자신감이다. 이때 당신 자신에게 자기 암시를 걸어두면 효과적일 수 있다.

젊었을 때는 대중 앞에 설 기회가 거의 없지만 나이가 들어감에 따라 직급도 올라가고 사회적 지위가 상승하여 사람들 앞에 설 기회가 많아진다. 반드시는 아니지만 조리 있게 말하는 법도 젊을 때부터 준비해 놓는 것이 여러 모로 좋다. 머리가 노쇠하고 신체 기능이 떨어지는 노년에는 젊었을 때보다 열 배 이상 힘들다. 일단 성공적인 삶을 살고자 목표를 세웠다면 말을 잘해야 하는 것은 기본이다. 대중 앞에서 말하는 능력이 있어야 주위 사람들로부터 실력을 인정받을 수 있는데, 이는 곧 자신의 가치 상승으로 이어진다.

요컨대 끈기를 갖고 연습하지 않으면 좋은 프리젠터가 될 수 없다. 처음에는 어색하여 말도 느리고 여러 가지가 부족하겠지만, 습관화 될 때까지 계속 도전하다 보면 청중들이 눈에 들어오고 시간을 조절할 줄 아는 여유도 생긴다. 이렇듯 꾸준한 노력이 있어야만 훌륭한 프리젠터가 될 수 있는데, 발표 기술을 향상시키려면 몇 가지 방법이 필요하다. 가장 효과적인 것은 다른 사람들 강의를 주의 깊게 관찰하고 그들의 기술을 분석하고 좋은 내용을 받아들여 자신의 것으로 만드는 것이다. 말하자면 타인의 발표에 참석할 때마다 장점과 단점을 분석한 다음 당신의 스타일과 비교해 보며 미흡한 부분을 보완해 가면 된다.

지난 시절 자동차 운전 면허를 취득하기까지의 과정을 떠올려 보라. 처음 자동차 핸들을 잡았을 때 두렵기도 하고 긴장을 하여 머리는 쭈뼛 서고 속옷이 젖을 정도로 긴장하지 않았던가. 또 자전거를 배울 때도 얼마나 많이 넘어져 깨졌는가?

보통은 한두 번 시도해 본 후 잘 되지 않으면 재능이 없다는 이유로 포기하고 만다. 하지만 실수를 하여 혹여 받을지도 모르는 상처를 두려워해서는 안 된다. 대중 앞에 섰을 때 떨리는 마음은 비슷하다. 강의가 주업인 전문 강사도 연단에 서면 처음 2,3분 정도는 긴장을 한다.

그럼 어떻게 해야 성공적인 프리젠테이션을 할 수 있을까?

첫째, 너무 길게 하지 않는다. 특히 축사나 격려사는 간단 명료하게 하는 것이 좋다. 청중들은 말이 길어지면 지루해하며 그로 인해 장내가 소란해지기 때문이다. 따라서 박수를 많이 받거나 주목받고 싶다면 말을 아끼도록 하라.

둘째, 메모 카드를 사용한다. 어려운 용어나 외래어, 생소한 단어, 사람 이름 등은 암기하기가 어려우니 메모 카드를 이용한다. 당신의 단점도 메모해 두면 메모를 볼 때마다 의식하게 되어 고칠 수 있듯이….

셋째, 준비한 원고 읽는 것을 피한다. 원고를 그대로 읽으면 교과서를 읽는 듯하여 자못 딱딱해지기 쉽다. 더구나 원고 읽는 데 신경 쓰다 보면 청중에 대한 표정 및 시선 처리가 미흡하여 청중과 교감이 이루어지지 않는다. 따라서 요점만 자연스럽게 말하도록 하라.

넷째, 에·음·아 등 감탄사를 사용하지 않는다. 이러한 감탄사를 연발하면 흔히 말이 매끄럽지 못하여 발표를 망치게 된다.

다섯째, 천천히 또박또박 말한다. 누구나 연단에 서면 긴장하기 때문에 자신도 모르게 말이 빨라지게 된다. 하지만 호흡 한 번 길게 한 후 천천히 그리고 분명한 어조로 내용을 전달하는 것이 좋다.

여섯째, 얼굴 표정에 주의한다. 몸짓 언어가 커뮤니케이션의 성패를 좌우한다. 연사의 얼굴이 굳어 있으면 청중들의 분위기도 가라앉는다. 따라서 항상 웃는 표정을 지어야 한다. 그러려면 평소 거울을 보며 다양하게 웃음 지어 보는 등 표정 관리 연습을 해보는 것이 좋다.

독일의 심리학자 분트$^{Wundt, Wilhelm}$는 인간의 본능을 크게 두 가지로 분류하였다. 하나는 '종족 보존 본능'이며, 다른 하나는 '개체 보존 본능'이 그것이다.

여기서 개체 보존 본능이란 자신을 보호하고 보존하기 위해 가지고 있는 본능을 일컫는다. 따라서 생물학적으로는 공격, 방어 본능이 관련된다고 할 수 있다. 이러한 행태를 생물이 생태적으로 지니고 있는 개체 보존 본능의 연장으로 해석한다면 집단에 대한 공포를 느끼는 것은 지극히 당연한 일이 된다. 그래서 많은 사람들 앞에 서면 자신도 모르는 사이에 당황하게 되는 공포의 본능이 작용하는 것이다. 그래서 사람들 앞에 설 때 두려워하거나 떨게 되는 것이다. 따라서 사람들은 발표나 보고 기회가 있을 때 회피하려 드는 것이다. 그러면서 많은 사람들 앞에서 원고 없이 자연스럽게 말하는 사람을 보면 선천적으로 말 잘하는 능력을 타고났다고 생각하며 부러워한다. 하지만 이러한 모습 이면에는 한결같이 남 모르는 노력이 있음을 알아야 한다.

그 분야에 재능이 있는 사람은 매일 거울을 보며 하루에 20여 분씩 2,3개월만 연습해도 긴장이 되지 않을 수준까지 이를 수 있다. 특히 여성은 좌뇌의 언어지능이 남성보다 발달되어 2개월 정도만 준비하면 잘 할 수 있다. 결론적으로 말해 무엇보다도 발표력을 향상시키고 싶다면 꾸준한 연습, 실수할 것을 두려워하지 않는 자세 그리고 창피함을 극복하려는 자세가 필요하다.

고대 그리스의 웅변가이자 정치가인 데모스테네스^{Demosthenes}를 떠올려 보라. 그는 본래 말을 더듬는 증세가 유달리 심했던 사람이다. 그래서 그는 자신의 가장 큰 약점을 극복하기 위해 해변으로 나가 조약돌을 입에 문 채 바다를 바라보며 말하는 연습을 하였다. 이렇듯 피나는 연습 결과 위대한 웅변가로 탄생하게 된 것이다.

따라서 대중 앞에서 말하는 기술은 연습하면 얼마든지 가능하다는 것을 당신은 잊지 마라. 단지 많은 시간과 연습이 필요할 뿐이다.

지혜로운 배우자 선택의 비결

'미인과 결혼하면 3년이 행복하고, 정직한 여성과 결혼하면 30년이 행복하고, 지혜로운 여성과 결혼하면 3대가 행복하다' '미남과 결혼하면 3일이 행복하고, 부자와 결혼하면 3년이 행복하고, 가슴 따뜻한 사람과 결혼하면 30년이 행복하다'는 말이 있다. 이 말을 화두 삼아 이야기의 가지를 뻗어보려 한다.

보통 20대에서 30대 초반에 이르면 결혼을 하게 된다. 과거 우리 부모 세대는 내면을 중시하여 가문과 신분을 중요시하여 집안을 보고 배우자를 결정하였다. 하지만 오늘날은 행복한 결혼 생활을 위하여 배우자를 선택하는 과정에서 외면을 중시하는 풍조가 역력하다. 이러한 외모를 중시한 결혼의 행복 기간은 과연 얼마나 오래 유지될 수 있을까?

이러한 외면 중시의 신중하지 못한 선택의 결과로 인해 우리나라 이혼율이 50퍼센트나 되는 것이 아닌가 한다. 이것은 프랑스・이탈리아・일본 등을 능가하는 수치로 미국 다음으로 세계 2위가 되었다. 이혼을 멀리 하던 사회가 왜 이렇게 급격하게 이혼 만능 사회가 되었는가?

사람마다 정도 차이는 있겠지만 대부분의 남성은 결혼을 생각할 때 여성의 미모를 주 관심사로 둔다. 말하자면 여성의 내면보다는 미모가 뛰어난 여성을 선호하는 것이다. 반면 여성은 남자의 외모보다는 경제력을 선호한다.

서머셋 몸(Maugham William Somerset)은 "미인이란 보는 것이지 결혼하는 대상이 아니다. 어찌하여 미인은 언제나 보잘것없는 남자와 결혼할까? 그것은 슬기로운 남자는 미인과 결혼하지 않기 때문이다"라고 했다.

분별력 있고 똑똑한 남성은 결혼 상대를 선택할 때 첫눈에 반한 여성은 피한다. 첫 만남에서 상대를 매혹시킬 정도의 미모는 강한 이끌림을 준다 해도 시간이 지날수록 별 의미가 없다는 것을 잘 알기 때문이다. 물론 외모도 빼어나고 마음씨도 착하다면 금상첨화일 것이다. 그러나 외모는 모든 사람의 시선을 끌 정도로 뛰어나지만 성품이 온화하지 못하고 정서나 지성이 결여되어 있으며 인내심도 부족한 그런 상대와 결혼을 하면 평생 돌이킬 수 없는 후회를 하게 된다.

아무리 예쁜 꽃이라 할지라도 자꾸 보면 처음 볼 때의 아름다움보다는 그 느낌이 덜해지디 나중에는 의식하지 못하게 된다. 아무리 빼어난 경치도 매일 보면 무덤덤하게 되고, 아무리 맛있는 음식도 자주 먹으면 식상해지듯 처음 어느 기간까지는 사랑하는 감정으로 좋아하지만 사람 내면에서 풍기는 지성과 따뜻한 마음이 뒷받침되지 못하면 결국에는 싫증나기 마련이다.

대체로 삶의 깊이가 얕은 사람일수록 신중하지 못한 선택을 하곤 하는데, 적절치 못한 선택은 결혼 후의 삶도 크게 달라지지 않는다.

나폴레옹 3세가 절세가인인 유제니와 사랑에 빠졌던 일화를 들어보자.

신하들은 유제니가 몰락한 스페인 귀족 집안의 딸이라는 이유로 나폴레옹과의 결혼을 반대했다. 하지만 나폴레옹은 대수롭지 않게 생각하며 혼사를 강행했다. 그녀의 우아함과 젊음, 아름다움이 나폴레옹을 단단히 매료시켰기 때문이다. 나폴레옹은 그 어떤 불꽃도 자신의 사랑만큼 뜨겁고 빛날 수 없을 것이라 여겼다. 그러나 행복은 너무도 짧게 끝났다. 그는 한밤중에 시종 한 명만을 데리고 몰래 성을 빠져나와 파리 성내를 돌며 밀회를 즐기거나 궁궐 안에서 볼 수 없는 것들을 구경하곤 했다. 이는 유제니의 끊임없는 잔소리 때문이었다. 그녀는 황후라는 최고의 지위와 빼어난 미모를 지녔지만, 질투와 의심이 그녀로 하여금 잔소리를 하게 했다. 그래서 결국 그들의 사랑은 파탄이라는 종말을 맞이하게 된다.

사람의 품성 또한 이와 마찬가지이다. 돈이 없을 때는 돈만 많으면 행복할 것 같았지만 막상 많은 돈을 소유하면 또 마음 한 구석에는 다른 어떤 것을 충족하고 싶은 욕구가 생긴다. 게다가 돈이면 모든 것이 해결된다는 생각으로 매사 돈으로 처리하다 보면 인간미의 결함으로 서서히 사랑도 식어간다. 그러나 가슴 따뜻한 사람은 상대방을 배려하기에 죽을 때까지 큰 어려움이 없다. 사람이 꽃보다 아름답다는 말은 이런 경우를 두고 한 말이다.

지혜로운 사람은 자녀에게 물질보다 중요한 정신적인 유산인 삶의 철학을 물려주고 어떻게 부를 일궈야 하는지, 또 그 부를 어떻게 유지하고 발전시켜야 하는지를 일러준다. 이런 사람들은 가정과 가족들의 행복에 중점을 두고 현재보다는 미래에 관심을 두고 살아가기 때문에 자녀들을 훌륭하게 성장시킨다.

오늘 당신이 무슨 생각을 하고 사느냐에 따라 배우자가 달라지고 미래의 행복이 영향을 받는다.

'사람은 끼리끼리 만난다'라는 말이 있다. 미인을 좋아하면 미인과 결혼할 것이며, 정직한 사람을 좋아하면 정직한 사람과 결혼할 것이고, 마음이 따뜻하면 마음 좋은 성실한 배우자와 결혼할 것이다. 그리고 지혜로운 사람은 비록 지금은 가진 것이 부족하고 생활이 어려워도 현재에 만족하며 미래에 꿈을 가진 배우자를 선택함으로써 가정을 행복하게 꾸려나갈 것이다. 요컨대 남성이나 여성이나 어떤 배우자를 선택했는가에 따라 인생의 모든 것이 결정된다. 그 만큼 어떤 상대를 선택하는지가 중요하다.

성공한 사람이 경험을 통해서 말하는 배우자 선택법에 귀 기울여 보라.

첫째, 성격이 원만한가? 사람의 기본 성격이나 품성·인생관 등은 결혼 전에 이미 결정된다. 보다 엄밀히 말하자면 어릴 적부터 습관이 되어 고칠래야 고쳐지지 않는 것이다. 그런 까닭에 맞지도 않는 성격을 억지로 맞춰 살려면 서로가 스트레스를 받아 피곤할 수밖에 없다. 처음 몇 년은 신혼의 단꿈에 젖어 상대방의 단점이 보이지 않지만 시간이 지날수록 사랑이 식고 단점이 하나하나 보이기 시작하면서 부부 사이는 소원해진다. 아무리 조건이 좋아도 몇 개월 교제해 본 뒤 자신과 맞지 않는다면 과감히 포기하라. 당신의 인생을 책임져야 할 사람은 바로 당신 자신이기 때문이다.

둘째, 지혜로운가? 가급적 지능지수가 보통 사람보다 월등히 높은 사람은 피하라. 천재란 지능지수보다는 오랜 세월 동안 노력한 결과이며, 이때 지능지수로 성공을 예측할 수 있는 것은 15퍼센트 정도이다. 그리고 상대방을 만나 몇 번 대화 하다보면 성격도 알 수 있는데, 이들은 대개 가슴이 따뜻하지 않다. 따라서 지능지수가 높은 사람보다는 지혜로운 상대를 찾아라. 그러면 당신의 성공에 멋진 동반자가 될 것이다.

셋째, 건강한가? 집안에 아픈 사람이 있으면 울적해지고 몸에 힘이 빠질 수밖에 없다. 또한 2세를 생각해서라도 배우자의 건강을 반드시 고려해야 한다. 주위에 아이를 낳지 못해서 평생 고통스러워하며 삶을 살아가는 사람들이 적지 않다. 이때 육체적인 건강 못지 않게 배우자가 정신적으로도 건강한지 알아봐야 한다. 인생관이 부정적인 사람은 사소한 일에도 짜증을 내고 언성을 높인다. 이런 성격은 건강에 해로울 뿐만 아니라 주위 사람들에게까지 부정적인 영향을 미치므로 좋지 않다.

넷째, 생활력이 강한가? 치장하기 좋아하는 사람일수록 내면의 부족한 점을 감추려고 외모에 신경을 써 상대방에게 잘 보이려 한다. 이때 꾸민 화장발에 속지 말아야 한다. 사실 무엇보다 늘 치장하기에 바빠 낭비벽이 심해 경제적으로 어려움을 겪을 수도 있다. 따라서 겉모습은 수수하지만 생활력이 강한 배우자를 결혼 상대자로 선택하는 것이 좋다.

다섯째, 현재 가진 것을 보는가? 돈이나 권력을 가진 사람을 배우자로 선택하는 경우도 많다. 하지만 이런 사람은 보통 가슴 따뜻한 사랑을 받아본 적이 없어서 오랜 기간 같이 살아도 정이 들지 않는다. 어릴 때부터 돈이 최고라는 생각으로 자라다보니 돈 귀한 줄 몰라 낭비벽 또한 심하다. 따라서 돈이나 권력보다는 삶에 있어서 중요한 것을 볼 수 있는 혜안이 필요하다.

여섯째, 꿈을 갖고 있는가? 꿈을 가진 사람은 그 꿈을 이루기 위하여 열심히 노력하므로 언젠가는 꿈을 이룬다. 따라서 지금 현재는 어려울지 몰라도 전망이 밝아 미래를 기대할 수 있다.

사람은 결혼하기 전에 인생의 3분의 1을 살고, 결혼하고 나서 3분의 2를 산다. 한마디로 인생에 있어서 중요한 시기를 배우자와 함께 보내는 것이다. 그렇다면 당신은 어떤 배우자를 선택할 것인가? 당신의 꿈을 이루도록 도와 줄 사람인가 아니면 방해할 사람인가? 선택은 전적으로 당신에게 달려 있다.

PART 2

자녀를 큰 사람으로 키우는 부모의 지혜

자녀 성공의 80퍼센트는 부모의 관심이 좌우한다

교육학자들은 공부 잘 하는 아이들의 가정에는 몇 가지 공통점이 있다고 말한다. 가족 모두 부지런하며, 규칙적인 생활을 하고, 텔레비전 시청이나 컴퓨터 게임보다는 독서와 대화를 즐긴다는 것이 그것이다. 이는 가정 환경이 자녀교육에 얼마나 중요한지를 보여주는 단적인 예이다. 부모가 하는 하찮은 행동들, 이를테면 다른 사람에게 거짓말하는 것, 집에 들어와 무심코 텔레비전을 켜는 것, 직장일 핑계로 음주가 잦고 담배 피우는 것, 생각 없이 말을 하는 것 등은 아이에게 부정적인 영향을 미친다. 반면 집에 오면 독서와 대화를 즐겨 하는 부모는 아이에게 긍정적인 영향을 미친다. 이처럼 가정 환경을 만드는 사람은 바로 부모이므로 부모가 집에서 어떻게 생활하느냐에 따라 집안 분위기도 달라진다. 따라서 당신의 아이가 어떻게 성장하는 것이 좋은지를 생각해 보라. 아이들이 어떻게 자라는지는 부모에게 달려 있다.

한편 화분에 심어 놓은 행운목을 관찰해 보라. 관심을 갖지 않으면 오래가지 않아 죽고 만다. 그러나 관심을 갖고 지켜보면 싹이 나고 무럭무럭 잘 자라는 것을 볼 수 있다. 이처럼 식물은 1년만 관심을 갖고 관리하면 잘 성장한다. 아이에게도 애정을 쏟으면 쏟은 만큼 잘 성장한다는 점은 마찬가지이지만 사람이 자라기까지는 수십 년이 소요된다는 점에서 식물과 다르다. 요컨대 한 사람을 훌륭하게 성장시키기 위해서는 수십 년 동안 관심을 갖고 돌보아야 하며, 어릴 때부터 친구 관계나 성격·취미 등을 지켜보아야 한다. 이때 얼마나 관심을 갖고 지켜보느냐에 따라 그들 성공의 승패가 달려 있다.

보통 술이나 직장 일, 등산이나 낚시 등에 지나치게 관심을 두면 종종 자녀교육에 소홀하게 된다. 특히 술을 좋아하는 사람은 인생의 목표를 술에 두고 사는 듯이 보인다. 그들은 시간이 남을 때마다 술을 마셔 속은 매스껍고 머리는 아픈 데다가 잠까지 부족하여 일의 능률도 떨어진다. 그래서 아침에 일어나면 술을 마시지 않겠다고 결심하지만 퇴근 무렵이 되면 술 생각이 나 다이얼을 이리저리 돌리며 술 약속을 한다. 술에 취하여 집에 오면 그냥 쓰러져 자고 눈뜨면 아침인 생활이 반복적으로 이어진다. 이렇게 술에 관심을 갖다보면 자연히 가정생활에 소홀해지기 마련이다. 이런 사람은 시간이 지난 후 곧잘 후회한다. 젊었을 때 술 좀 적게 마시고 자녀들과 같이 대화하며 생활했다면 지금의 이런 모습은 아닐 텐데 하고 말이다. 술뿐만 아니라 텔레비전 시청·게임 등을 즐기는 사람들 또한 마찬가지이다.

무엇보다도 자녀에게는 부모의 관심이 필요하다. 따라서 아이와 꾸준히 대화하며 아이를 알고자 노력해야 한다. 부모의 관심이 부족하면 올바른 진로 선택을 하기 어렵다. 그래서 결국 자녀가 성인이 되었을 때야 '왜 좀 더 관심을 가지지 않았을까' 하고 후회하게 되는 것이다.

그렇다면 아이에게 관심을 갖고 아이가 올바른 진로를 선택하도록 도우려면 어떻게 해야 할까? 아이가 어떤 특성을 가지고 있는지 아는 것이 가장 중요한데, 부모의 직업과 관련된 분야에 재능을 보이는 아이가 있다. 이를테면 부품 공장을 운영하는 사람의 아이는 기계에 대하여 배운 적이 없어도 기계에 재능을 보여 부모를 놀라게 하는 경우가 있다. 또한 부모가 음악에 재능이 있어서 아이가 음악에 재능을 보이는 경우도 있다. 이럴 경우 부모의 직종과 관련된 직업을 찾도록 해주는 것이 현명하다. 이때 무한한 발전 또한 기대할 수 있다.

그리고 어려서부터 특정 분야에 관심을 보이는 아이가 있다. 영어를 좋아하는 아이는 영어책을 한 번 더 펼쳐보게 되는데, 그러면서 자연히 영어를 잘하게 된다. 그림을 좋아하는 아이는 시간이 있거나 종이만 보면 그림을 그린다. 이처럼 아이가 좋아하는 쪽으로 진로를 결정하면 열심히 노력하여 성공하고 행복한 삶을 살아가게 된다. 일을 일로 생각지 않고 재미있어 즐기며 하기 때문에 밤새워 일을 해도 피곤함을 느끼지 않으며 실력이 일취월장하여 언젠가는 자신의 분야에서 최고의 권위자가 될 수 있다.

다음은 이런 특성이 겉으로 드러나지 않는다면 부모는 아이에게 다양한 기회를 제공하여 아이의 숨겨진 재능을 찾아주어야 한다. 이를테면 운동을 하거나 독서를 하다보면 무엇인가 좋아하는 것이 있음을 알게 될 것이다.

사람은 저마다 다른 사람보다 월등히 잘 할 수 있는 재능을 가지고 있다. 따라서 그저 당신 아이가 가지고 있는 하나의 재능을 찾으면 되는 것이다. 이때 아이가 잘 할 수 있는 것을 찾는다면 모든 시간을 한 곳에 집중함으로써 성공할 확률이 더 높아진다. 그리고 부모는 욕심을 버리고 겸허한 마음으로 아이의 재능을 찾아주는 순수한 조력자 역할을 해야 한다. 부모가 부지런하고 현명한 사람일수록 아이가 성공하기 쉽다. 재능을 발견한 다음에는 적극적으로 지지해주도록 하라.

주지하다시피 아이를 교육시키고자 세 번씩이나 이사를 했다는 맹모삼천지교 이야기도 있지 않은가. 사실 여러 가지 방법을 동원하여 자녀의 재능을 발견한 후 수십 년 동안 자녀를 뒷바라지하여 2세를 훌륭하게 키워낸 부모도 많다. 이를테면 자식을 세계적인 음악가로 키운 이원숙 씨가 그렇다. 그녀는 클래식의 불모지나 다름없는 60년 대 한국에서 세 명의 아이를 모두 세계적인 거장으로 키워냈다. 첼리스트 정명화 씨, 바이

올리니스트 정경화 씨, 지휘자 정명훈 씨가 그들이다.

그녀는 아이들이 성장하면서 각종 음악 콩쿠르를 휩쓰는 재능을 보이자 과감하게 미국 행을 결정했다. 큰 인물이 되려면 큰물에서 놀아야 한다는 그녀의 신념에서 비롯된 것이다. 이 신념은 식당을 운영하면서도 세 아이를 줄리아드 음악원에 진학시켜 최고 연주자와 지휘자로 키우게 한 원동력이 되었다. 말하자면 아이의 소질이 무엇인지 찾아내 그것을 살릴 수 있게 조건을 마련해 준 것이다.

이처럼 자녀교육의 성과는 부모가 말년을 맞이했을 때 눈앞에 여실히 나타난다. 겉으로는 자녀가 어엿한 사회인이 된 것처럼 보이지만 가정교육을 제대로 받지 못한 아이는 커서도 여전히 의존적이며 일을 제대로 수행하지 못할 수밖에 없다. 대인 관계 또한 원만하지 못하다.

따라서 아이의 인생을 소중하게 생각한다면 일이나 돈, 부부 관계뿐 아니라 아이의 미래에 대해서도 진지하게 생각해야 한다. 다른 조건이 아무리 갖추어져 있어도 아이가 사회에서 역할을 제대로 하지 못하면 인생에 있어서의 가장 중요한 것을 이루지 못한 것과 같다.

요컨대 아이의 미래를 걱정한다면 아이에게 관심을 가져야 한다. 바쁘면 최소한 주말이라도 같이 보낼 수 있는 시간을 만들라. 아이가 사회에 나와 큰 일을 할 수 있느냐 없느냐는 부모의 관심에 달려 있다. 아이에게 관심을 갖고 아이의 재능을 이끌고 아이를 격려해 준 만큼 아이는 자란다. 그렇다면 당신은 지금 아이를 위해 무엇을 하고 있는가?

자녀의 멘토가 되어라

획일적인 입시 위주의 주입식 교육으로 우리나라 학생들이 창의력과 논리 능력이 부족하다는 것은 이미 누구나 인정하고 있는 사실이자 우리 교육의 심각한 문제점이기도 하다. 이들의 실력은 고교시절까지는 세계 최고 수준에 이른다. 하지만 대학에 진학하면 공부에 소홀하여 결국 졸업을 할 즈음에는 외국 대학생에 비하여 실력이 떨어지며 졸업률도 현저히 낮다.

2007년 이전 하버드 대학교·예일 대학교 등의 아이비리그를 비롯한 14개 명문대에 입학한 학생 중 학과 과정을 제대로 마치고 졸업한 학생은 50퍼센트 정도에 불과한 것으로 나타났다. 이는 우리보다 국민소득이 낮은 중국·인도 등 다른 소수 민족에 비해 2~3배 높은 결과이다. 이처럼 우리 학생들의 중퇴 비율이 높은 것은 학부모의 지나친 입시 위주의 교육이 미국 생활에 맞지 않기 때문이다.

또한 사회에 진출해서도 자신의 적성에 맞지 않는 직업을 택하다 보니 거의 책과는 담을 쌓고 자기계발도 하지 않는 실정이다. 그 결과 세계 어느 나라에서도 그 유례를 찾아볼 수 없을 만큼 높은 교육열로 빠른 시간 안에 수많은 인재를 배출해도 노력에 비하여 큰 업적을 이룬 인재를 만들어 내지 못하고 있는 것이다.

그런가 하면 세계 최고 두뇌와 높은 교육열을 가졌다는 공통점 때문에 우리나라 사람은 유태인과 곧잘 비교되곤 한다.

우리나라 인구는 4천5백만 명 정도인데, 노벨상 수상자는 전무한 반면 유태인은 대략 2천만 명이지만 역대 수상자의 30퍼센트, 미국 의사의 45퍼센트를 점유한다. 어떠한 차이점이 이런 결과를 낳았을까? 그 이유는 유태인의 교육법에 있다. 유태인들은 어릴 때부터 아이의 개성과 창의성을 키우는 데 초점을 둔다. 내 아이만의 독특한 개성을 찾아내서 그 재능을 살릴 수 있도록 노력하는 것이다. 말하자면 그들은 다양한 경험을 통해 아이가 어떤 분야를 좋아하고 관심을 갖고 있는지 발견하려 애쓰는 것이다.

반면 우리나라 부모들은 아이가 모든 분야에서 잘하기를 바란다. 그렇다 보니 창의성은 배제되고 좋은 성적을 얻어 자녀의 재능과는 관계없이 일류 대학의 인기학과에 입학하기를 원한다. 공부 잘하면 자녀의 적성이나 의사에 관계없이 의대, 법대를 진학시키려 안간힘을 쓴다. 그래서 반강제적으로 밀어 붙여 부모가 원하는 학과에 진학시키는 것이다. 그렇다 보니 자녀들은 부모의 허황된 욕심으로 망가지기 마련이다.

　우리나라 의대 지망생 중 10퍼센트 정도가 적성에 맞지 않아 고민하거나 진로 선택을 잘못하여 중도에 포기한다. 또한 2006년도 서울대학교 입학생을 대상으로 조사한 대학 생활 적응도 조사에서도 60퍼센트 학생이 전공을 잘못 선택했다고 응답했다. 이것이 우리나라 최고라 일컬어지는 대학생들의 현 주소인데, 타 대학의 학생도 상황은 마찬가지이다.

　따라서 아이의 행복을 생각한다면 자녀와 충분히 대화하여 자녀의 의사를 존중하여 자녀가 좋아하고 관심이 많은 학과를 선택하라. 그러면 자녀는 대학에 가서도 열심히 공부하여 좋은 성적을 얻고, 사회에 기여할 수 있는 사람으로 성장하게 된다.

　그렇다면 앞으로 우리 부모들이 자녀의 행복을 위해 어떤 역할을 맡아야 할까?

　첫째, 부모가 인생에 대한 꿈을 가져야 한다. 아이들의 잠재력은 무한하여 부모가 상상하는 것 이상의 발전 가능성을 갖고 있다. 부모가 할 일은 이러한 잠재력을 발휘할 수 있도록 자녀가 좋아하는 분야에 꿈을 갖도록 하는 것이다. 그러려면 먼저 부모가 꿈을 갖고 열심히 노력해야 자녀도 꿈을 가질 수 있다. 당신이 꿈을 갖는 순간 당신의 아이는 그 꿈을 이루기 위하여 정상을 향해 조금씩 조금씩 나아가게 된다.

둘째, 미래의 비전을 제시해야 한다. 비전은 과학자가 되고, 사장이 되겠다는 막연한 꿈보다는 어떤 분야의 어떤 사장이 되겠다는 식으로 구체적이어야 한다. 그리고 꿈을 결정한 후 왜 그런 꿈을 가졌으며, 그러한 꿈을 이루기 위해서는 어떻게 생활해야 하는지 그 방법을 조언해 주어야 한다. 그러나 우리 주위에 자녀에게 구체적으로 조언을 해줄 수 있는 부모는 그리 흔하지 않다. 그럴 때는 그 분야의 전문가를 찾아가 수시로 조언을 듣고 실천하면 된다.

셋째, 생활 습관을 올바르게 가져야 한다. 세 살 적 버릇 여든 간다는 속담이 있다. 이는 어릴 때 형성된 습관은 죽을 때까지 고치기 어렵다는 의미이다. 말하자면 어렸을 때 나쁜 습관을 들이면 고치기 어렵지만 반대로 좋은 습관을 가지고 성장한다면 이로움을 얻을 수 있는 것이다. 따라서 독서 습관 붙이기, 텔레비전 멀리 하기, 한 종목 운동하기, 상대방 배려하기 등과 같은 좋은 습관을 어려서부터 갖도록 당신이 도와주어야 한다.

요즈음은 무분별한 서구식 식습관과 주거 환경의 변화로 아토피 피부 질환, 소아 비만, 소아 당뇨 등의 병을 앓는 어린이가 증가하고 있다. 이는 전적으로 부모의 책임이라 할 수 있다. 부모의 잘못된 생활 습관이 그대로 자녀에 전달되었기 때문이다. 요컨대 하루하루의 생활 습관이 평생을 좌우함을 부모는 알아야 한다.

넷째, 자녀의 소질과 재능을 파악하여 자녀의 진로를 결정한다. 우리는 자신이 원해서라기보다 다른 사람이 만들어 놓은 현재의 잣대에 따라

진로를 선택하는 경향이 강하다. 이때 대개 그 잣대라는 것은 현재의 유망 직종인 경우가 많다. 세상에 영원한 것은 없다. 성장기가 있으면 하향기가 있듯 현재는 유망하다 해도 언젠가는 사양길로 접어들지 모른다.

당신은 아이의 소질과 재능을 찾아주어야 한다. 지금 당신에게 필요한 것은 바로 당신 아이가 가장 잘 할 수 있는 재능을 발견해 주는 것이다. 나아가 설령 아이가 재능을 보이는 분야가 현재 인기가 없고 불투명해 보이더라도 자녀를 믿고 그 재능을 계발시켜 주어야 한다. 그러면 당신의 아이는 모든 과정을 즐거운 마음으로 받아들이고, 비로소 당신 아이의 숨겨진 재능을 찾아낸 훌륭한 부모가 될 수 있는 것이다.

자녀교육의 첫 번째는 인성교육

텔레비전이나 영화에서는 흔히 성공한 사람을 피도 눈물도 없는 냉혈한으로 그리곤 한다. 비열한 짓도 서슴지 않고 배신도 밥먹듯이 함이 그렇다. 과연 현실에서도 그럴까? 당연 아니다.

성공한 사람들은 인성교육이 제대로 되었다는 공통점을 갖고 있다. 칠순이 넘은 모 그룹 회장은 그만의 은은한 향기를 느끼게 했고, 갓스물 된 세계적인 골프 선수 역시 그만의 독특한 체취를 가지고 있었다.

과거 못 살던 시대에는 수전노가 돈을 벌었을지 모르지만 오늘날의 정보화시대에는 그런 사람은 결코 큰돈을 벌 수 없다. 혹여 정상에 있다 해도 오래 머물지 못하거나 불행하게 종말을 맞이할 것이다. 당신은 그러한 상황을 많이 보아왔을 것이다. 사업을 하든 직장을 다니든 간에 자신만 알고 자신의 이익만 챙겨서는 성공할 수 없다. 과거에는 간혹 실적이 좋고 윗사람의 비위만 잘 맞추면 쉽게 승진할 수도 있었을지 모르지만 현재는 사정이 다르다. 상사에게는 좋은 부하 직원이어야 하고, 부하 직원에게는 좋은 상사이어야 성공할 수 있다. 또한 동료들의 눈에도 원만한 성격이어야 하고, 거래처 직원의 눈에도 잘 보여야 한다. 예술이나 연예인, 정치인, 사업가로 성공하려는 사람이라고 하여 예외는 없다. 유연한 사고를 갖고 있는 사람에게 호감이 가는 것이 사람의 마음인지라 많은 사람에게 인정받는 사람이 되어야 하는 것이다. 그러려면 무엇보다 인성교육이 제대로 되어 있어야만 한다. 따라서 인성교육이 제대로 되어 있으면 절반 이상은 성공을 보장받은 것과 다름없다고 할 수 있다.

동서고금을 막론하고 인성은 삶에서 대단히 중요한 덕목으로 인식되어 왔다. 1898년 아메리카·에스파냐 전쟁에서 미국의 승리를 이끈 대통령 윌리엄 매킨리$^{\text{McKinley, William}}$의 일화는 이에 대해 많은 것을 시사해 준다.

고래로부터 현재에 이르기까지 개국 공신에게 성과의 기여도에 따라 자리를 주는 것은 공공연한 사실로 받아들여지고 있다. 그런데 문제는 자리는 하나인데 사람은 두 명이라는 데 있다. 말하자면 기여도가 큰 대상자 2명 가운데 한 명만 고위직 장관에 임명해야 했다. 그런데 그들 모두 비슷한 실력을 갖춘 오랜 친구였기 때문에 그는 고민에 빠졌다.

그런 어느 날 그들과 함께 전차를 탔는데, 이때 행색이 초라한 나이든 아주머니도 무거운 짐을 이고 올라왔다. 하지만 아무도 그 아주머니에게 자리를 양보하려 하지 않았다. 그와 함께 차를 탄 친구 중 한 명은 신문을 보는 척하며 그녀를 외면했다. 하지만 또 다른 친구는 그녀를 보자 선뜻 자리를 내주었다. 이를 본 매킨리는 그 친구를 장관으로 임명하는 데 주저하지 않았다. 따뜻한 마음을 가진 사람이 국정도 잘 보살필 거라 판단했기 때문이다. 즉 매킨리는 인성을 가장 중요한 선택 기준으로 삼았던 것이다.

오늘날 우리는 많은 사람들과 함께 더불어 살아간다. 미래 사회의 주역이 될 우리 아이들도 일생 대부분을 좋든 싫든 조직 속의 일원으로 살아가야 한다. 이때 남을 배려하고 돕기란 결코 쉬운 일이 아니지만 때로는 나보다 남을 먼저 생각하고 배려하는 태도가 필요하다.

요즈음 우리나라의 많은 글로벌 기업에서는 예전처럼 출신학교와 성적만을 보고 사원을 채용하는 일이 드물다. 성격, 대인 관계, 유연한 태도, 문화적 소양 등 인성을 면밀히 검토한 후 최종적으로 채용 여부를 결정한다. 지식과 정보뿐 아니라 남과 더불어 살아가는 따뜻한 인성을 갖춘 인재를 요구하는 것이다.

따라서 글로벌 시대에는 개인 능력도 중요하지만 사회 시스템을 잘 이해하고 적응할 수 있도록 어릴 때부터 더불어 살아가는 생활 태도를 갖춘 인성 우수자를 길러내는 것이 무엇보다 중요하다.

그러나 우리나라의 교육은 후진국 수준을 벗어나지 못하고 있다. 인성은 뒤로한 채 학력 향상에 의한 경제적 성장이나 현실적인 생활편의 증진에 두고 있기 때문이다. 물론 물질적인 풍요와 번영을 가져오는 기술 기능과 능력을 신장하는 교육도 중요하다. 하지만 풍족하게 산다 해도 공허함을 없앨 수 있거나 주어진 것에 감사하는 마음을 가진다든지 자신에게 부여된 사명감과 자신의 존재 의미를 알 수 있는 것은 아니다.

삶의 질은 인간 정신의 작용과 그 조절 기능에 따라 형성된다. 참다운 인간의 가치와 존엄을 위하여 교육은 인간으로 하여금 따뜻한 마음을 가진 인격의 소유자가 되게 만든다. 따라서 당신은 아이에게 도덕적이고 철학적인 가치를 심어주어 내적 성숙이 이루어지도록 가르쳐야 한다. 이렇게 길러진 아이야말로 남에게 유익을 주며, 섬길 수 있는 진정한 리더가 될 수 있기 때문이다.

부모가 모범적으로 행동할 때 아이는 자연스럽게 닮아 간다. 자신은 텔레비전을 시청하면서 아이에게 공부하라고 강요하거나 늦게 귀가하거나 술에 찌들어 살면서 아이에게 공부하라고 하면 이때 말을 들을 아이가 과연 몇이나 될까? 전술한 바와 같이 아이는 부모가 관심을 갖고 교육시킨 만큼만 자라게 되어 있다. 당신은 아이가 공부 못한다고 다그치기에 앞서 아이에게 얼마나 관심을 갖고 있는지 반성해 보아야 한다. 부모를 보면 자녀를 알 수 있고 자녀를 보면 부모를 알 수 있다는 말은 무엇을 의미하는 것일까?.

자녀를 큰 사람으로 키우는 법

10년 이상 노력해야 가능한 꿈을 이루는 일보다 더 어려운 것이 자녀교육이다. 꿈을 이루는 것은 자신만 열심히 노력하면 가능하다. 하지만 자녀교육은 자신만 열심히 노력한다고 이루어지는 것이 아니다. 아이가 잘 따라주어야 가능하기 때문이다.

많은 사람이 자식 이기는 부모 없다고 한다. 이는 당연한 이야기처럼 들릴 수도 있겠지만 나는 그렇게 생각지 않는다. 부모가 매사 모범을 보이면, 즉 자신이 성실하게, 정직하게, 근면하게, 열심히 살아가면 아이를 이기고도 남음이 있기 때문이다. 부모가 본을 보이면서 아이를 국가 사회에 이바지하는 큰 사람으로 키워 내려면 결혼 전부터 준비를 시작해야 한다.

그 준비는 장차 태어날 아이까지 고려하여 결혼 상대자를 선택해야 한다. 그리고 아이가 태어나서 성장하기까지 늘 마음에 바람을 갖고 있어야 한다.

하지만 이러한 바람은 일회성이 아닌 여러 해 동안 지속되어야 효험을 볼 수 있다. 작은 성취는 2,3년 정도의 정성으로도 가능하지만 큰 성공은 10년 이상 간절히 원해야 이루어진다. 지성이면 감천이라 하지 않았던가. 무슨 일이든 하나의 목표를 정하여 간절히 바라면 그 에너지가 원하는 방향으로 흐르게 되어 있다. 이를테면 아이가 잘 되었으면 좋겠다, 아이가 큰 사람으로 자랐으면 좋겠다는 식의 말을 반복하면서 생활하는 것이다. 구체적으로 아침에 일어나자마자, 저녁에 잠자기 전, 아이 생각이 생각날 때마다 수시로 수도 없이 반복해야 한다. 여행이나 나들이, 교육 등으로 집을 떠나 있을 때조차도 '꿈은 반드시 이루어진다' '아이가 국가 사회에 이바지하는 인물이 될 수 있었으면 좋겠다'는 말을 수도 없이 반복해야 한다. 그러면 시간의 차이는 있지만 바람은 반드시 이루어진다.

예를 들면 232년만에 인종의 벽을 허물고 흑인 최초로 대통령이 된 오바마. 그의 어머니는 그가 어렸을 때부터 후일 그가 대통령이 되기를 늘 기도해 왔다. 그가 지금 마흔여덟 살이니 40년 이상을 기도해 온 셈이 된다. 이처럼 큰 바람일수록 오랜 시간이 걸린다.

이뿐만 아니라 평소 살아가는 생활 태도도 중요하다. 부모가 먼저 상대방을 위하여 베풀고, 배려하고, 욕심을 버리고 자연의 이치에 맞게 깊이 있는 삶을 살면서 씨앗을 뿌리면 자식이 그 열매를 거두어 큰 사람이 될 수 있다. 또한 부모도 큰 꿈을 갖고 살아야 한다. 큰 꿈은 자식에게 그대로 전달되어 아이 성장의 밑거름이 되기 때문이다. 요컨대 국가 사회에 이바지할 수 있는 큰 사람으로 키우는 것은 타고나는 것이 아니라 일생을 통하여 공을 들여가며 만들어지는 것임을 잊지 마라.

자라나는 생명의 장점을 발견하라

청소년기는 꿈을 많이 꿔야 할 때이다. 그러나 요즘 청소년들은 대부분 꿈을 갖고 있지 않다. 학교 수업을 마치면 영어·수학·논술 등의 학원에 가기 바쁘다. 이렇게 입시 공부에 치중하다 보니 정작 중요한 꿈을 꿀 시간적 여유가 없다. 간혹 공부가 적성에 맞는 아이는 공부를 재미있어 하며 시키지 않아도 스스로 알아서 하는 것을 볼 수 있다. 그러나 대다수의 학생들은 공부하기 싫어한다. 또한 이들은 아무리 강요하고 윽박질러도 그 때만 하는 척할 뿐 보이지 않는 곳에서는 하지 않는다. 이런 학생들에게 공부할 것을 강요하면 육체적인 병이 될 뿐만 아니라 마음의 병을 얻어 불미스런 일이 발생할 수도 있다.

무엇이 문제일까? 사람은 본래 태어날 때부터 다른 사람과 다른 타고난 개성이 있다. 그럼에도 불구하고 개인의 개성을 무시한 채 획일적인 교육으로 일관해 오고 있다. 하지만 세상은 빠르게 변하고 있으며 과거의 단순한 직종이 복잡하고 다양한 시대가 되면서 이런 교육은 힘을 잃게 되었다. 너나 없이 의사, 판사가 되어야 출세한다는 시대와 공부가 출세를 보장해 주던 시대는 지난 것이다. 그런데도 여전히 획일적인 잣대인 공부로 학생들을 평가하고 있다. 심지어는 공부 못하는 것이 마치 무슨 큰 죄를 지은 것처럼 취급한다.

그렇다면 당신은 이런 시대 상황 속에서 아이의 어떠한 교육적 역할을 담당해야 하는가? 아이가 공부 못한다고 닥달만 하지 말고 아이의 장점을 계발해 주라. 이것이 부모의 역할이다. 그러나 부모가 자신의 역할을 다하지 않으면서 또 아이에게 관심조차 갖지 않는다면 아이는 잘하는 분야를 평생 찾지 못할 수도 있다. 아이들의 꿈은 다양한 적성에 있기 때문에 획일적인 공부로 그들의 적성을 무시해서는 안 된다. 각자의 적성을 그의 꿈으로 만들도록 도와주어야 한다.

최고의 성공을 이룬 사람들은 자신이 잘 하는 것을 찾기까지 부모의 역할이 컸다. 그들의 부모는 교육 과정과 인생의 여러 경험을 통해 다양한 분야에서 자식에 대한 관심이 남달리 컸다. 최고의 자리에 오른 사람들은 거의 다 어려서부터 악기를 다루고, 외국어를 공부하고, 여러 가지 운동을 하는 등 다양한 경험을 했다. 또한 그들은 자신의 재능을 찾고 확인하는 과정에서 자신이 무엇을 잘하는지 찾아줄 수 있는 교사, 전문가 같은 스승에게 지도를 받았다는 점이 일치한다.

어른 아이 할 것 없이 책을 읽는 것은 중요하다. 아이에게 재능이 있는지, 없는지를 알고자 많은 분야를 경험한다는 것은 어렵다. 하지만 책을 통해 간접적으로 느낄 수 있는 광범위한 경험은 아이가 어느 곳에 재능이 있는지를 파악할 수 있게 한다. 다양한 분야의 관련 서적을 접한 아이의 반응을 옆에서 지켜보면, 아이가 좋아하고 관심 있는 분야를 알 수 있게 된다.

신은 공평하게도 인간에게 다른 사람이 가질 수 없는 자신만의 특기 한 가지는 다 부여한 것 같다. 단지 우리가 어떤 특기를 부여받았는지 알지 못할 뿐이다. 따라서 당신은 아이의 재능을 찾아 꿈을 이루도록 도와주는 멋진 조력자가 되어 보는 것은 어떤가? 당신에겐 당신의 아이를 리더로 키워낼 저력이 있다.

사랑에는 돈이 들지 않는다. 관용으로 대하라

'**현재** 가장 하기 싫은 것이 무엇입니까?'라고 중·고등학교에 재학 중인 학생들을 대상으로 설문 조사를 실시했다. 이 중 56퍼센트가 공부가 가장 하기 싫다고 응답했다.

학생들 절반 이상이 공부를 하기 싫어한다는 이야기이다. 공부보다는 컴퓨터나 휴대폰을 이용한 게임을 즐겨 하고 텔레비전 보는 것을 좋아하는데, 부모들은 이런 아이들만 보면 공부하라고 다그친다. 따라서 많은 학생들이 부모의 성화에 못 이겨 앞에서는 슬슬 눈치를 보며 공부하는 시늉을 하며 책상에 앉아 있지만, 부모가 보이지 않는 곳에서는 컴퓨터 게임을 하든가 휴대폰을 만지며 헛되이 시간을 보내는 일이 허다하다.

도서관에 가는 학생들도 공부를 제대로 하지 않는 점에서 사정은 같다.

평소에 텅텅 비던 도서관 열람석은 중간고사를 앞두면 학생들로 꽉 차지만, 이들은 책만 좌석에 놓은 채 공부는 뒷전으로 하고 삼삼오오 짝을 지어 돌아다니거나 잡담을 하며 많은 시간을 허비한다. 그러나 부모들은 이러한 사실을 잘 알지 못한다. 그만큼 우리 부모들은 자녀에게 관심이 부족한 것이다. 공부를 열심히 해야 좋은 대학에 입학하고, 좋은 직장에 취직할 수 있다고 생각하기 때문에 많은 부모들이 자녀를 어떻게 이끌어 줄까 생각하기보다는 무작정 열심히 공부만 하라고 다그친다.

한편 아이에게 지나치게 집착하거나 욕심을 부리는 부모는 아이의 일에 사사건건 간섭을 한다. 하지만 부모가 자녀를 자신의 잣대로 재고 욕심 부리면 종국에는 다음과 같은 이유로 아이의 앞날을 그르치게 된다.

첫째, 아이를 죽음으로 몰고 갈 수도 있다. 부모 마음은 누구나 똑같아서 자녀가 잘되기를 바란다. 다만 차이가 있다면 얼마만큼 지혜롭게 행동하느냐이다. 지혜로운 부모는 아이 입장을 충분히 고려하거나 설득하여 슬기롭게 대처한다. 하지만 그렇지 않은 경우 우격다짐으로 대한다. 이렇게 부모와 아이가 궁합이 맞지 않으면 부모 자식간에 갈등의 골이 깊어진다. 이때 감수성 예민한 아이는 이러한 갈등을 종종 극단적인 방법으로 회피하려 드는 경향이 있다. 따라서 이런 상황이 발생하지 않도록 늘 아이와 열린 대화를 하여 아이가 무엇을 생각하고 또 무엇을 바라는지 알도록 하라.

둘째, 진로 선택에 과오를 범할 수도 있다. 부모는 아이가 공부를 잘

하면 때로 아이의 적성과는 무관하게 의대나 법대를 보내고 싶어한다. 청소년들은 세상 보는 눈이 아직은 부족하여 많은 사람들이 선호하는 인기 학과가 좋게 보이기 마련이다. 우쭐하는 마음에 처음에는 부모의 의견에 동의를 하겠지만 결국 적성에 맞지 않아 문제가 생길 수도 있다.

사람은 자유스러울 때 최고의 성과를 낸다는 통계가 있다. 같은 일을 하면서 잔소리를 듣거나 간섭을 받게 되면 능률도 오르지 않고 하기도 싫다. 하지만 스스로 알아서 하는 일은 재미있고 보람도 느낄 수 있다. 실력 있는 상사가 직원들을 어렵게 하지 않고 각자의 장점을 활용하여 권한과 책임을 부여하여 좋은 성과를 올리듯 센스 있는 부모는 아이의 의사를 존중하여 아이가 최고의 성과를 낼 수 있게 도와준다.

아이도 한 사람의 인격체임을 명심하면 문제는 발생하지 않는다.

부모가 남을 속이는 등 정직하지 않으면 아이가 비행을 저지르고 탈선하게 되지만, 부모가 성실한 마음가짐과 건전한 사고 방식을 갖고 살아가면 아이는 반듯하게 살게 되어 있다.

아이는 부모가 시키는 대로 자라는 것이 아니라 부모의 모습을 그대로 보고 자란다는 사실을 다시 한 번 기억하라.

축적된 세월만이 성공의 바늘을 돌린다

'자녀를 사랑하십니까?'라고 물으면 보통 '이 사람 미친 사람 아냐?' 한다. 그도 그럴 것이 동물인 고슴도치도 제 새끼를 귀여워하는데 인간이 자기 자식을 사랑하지 않는다는 것이 말이 안 되기 때문이다. 그럼에도 불구하고 정작 자녀를 진정으로 사랑하는 부모는 많지 않은 듯하다. 아니 사랑하는 방법을 모른다고 하는 편이 맞을 것이다. 흔히 학교 공부시켜 졸업하면 집 사주며 결혼시키고 많은 유산을 물려주는 것을 사랑으로 착각하고 사는 부모가 대다수이니 말이다.

'3대가 글을 읽어야 집안에 학자가 한 명 나온다'는 말과 '3대가 노력해야 장군을 배출한다'는 말이 있다. 이 말에는 국가 사회에 기여할 수 있는 인재를 길러 내려면 그만큼 몇 세대를 거치면서까지 공을 들여야 한다는 뜻이 담겨 있다.

　성공이란 운이나 생활 환경에서 비롯되는 것이 아니다. 준비된 사람만이 성공에 다가서는데, 그 준비는 당신의 부모에서부터 시작되는 경우가 많다. 따라서 정말로 아이를 훌륭하게 키우려면 당신부터 베풀며 성실하게 자연의 순리에 맞게 살아야 한다.

　아이를 성공시키려고 하는 사람은 인생의 가치를 그 방향에 맞추어 살아가기 때문에 아이를 기르는 데 열성을 다한다. 주위 사람들의 삶을 살펴보라. 성실하고 정직하며 욕심 없어 보이는 부모를 둔 아이가 잘 되는 것을 보았을 것이다.

　사람은 각자 자기의 그릇을 갖고 태어난다. 이때 그 그릇은 당신의 노력 여하에 따라 얼마든지 크게 키울 수 있다. 따라서 당신의 그릇을 최고로 만들고자 노력하는 것은 무엇보다 좋은 일이다. 그러나 그 목적 달성을 위해 부당한 방법을 사용한다면 큰 잘못을 범하는 꼴이 된다. 흔히 다른 사람을 속이거나 권모술수로 정상에 오른 사람은 자신만 행복하려는 이기주의적 생각으로 돈이나 지위를 얻는데, 그러한 것들은 오래 지나지 않아 화를 부른다. 그렇게 얻은 성공은 튼튼함과 성실함이 결여되어 있기 때문이다.

　곡식은 봄에 씨 뿌린 후 김을 매고 거름을 주는 등 늘 관심을 갖고 잘 가꾸면 가을에 풍성한 수확을 거둘 수 있다. 마찬가지로 사람도 수십 년 동안 성실히 일해야 국가 사회에 기여할 수 있는 반듯한 사람으로 우뚝 설 수 있다.

아이에게는 이러한 부모의 성실함이 대물림된다. 당신이 하루하루를 준비하며 살고, 아이의 교육에 관심을 갖고 이러한 준비성을 물려주려고 한다면 그만큼 아이의 그릇은 커진다.

아부하는 사람들을 보라. 그들은 목적이 출세에만 있기 때문에 성실하지 않을 뿐더러 아이교육에도 관심이 없어서 아이가 실패할 확률이 크다. 요컨대 오늘 당신의 덕행·선행·악행 등은 수많은 유전 정보와 정신적인 요소와 함께 당신 몸의 뼛속에 축적되어 후손에게 유전자라는 영적인 물질로 전달된다. 이러한 행동이 쌓이고 쌓여서 아이의 미래를 결정하는 것이다.

당신이 성공하지 못하였다면 그것은 당신의 부모가 잘못 살았기 때문이다. 당신의 아이가 좋은 직장을 갖지 못하였거나 성공하지 못하였다면 그것은 당신이 잘못 살았기 때문이다.

명문가는 하루아침에 이루어지지 않는다. 그것은 최소 2대 이상 죽을 힘을 다하여 노력해야만 가능한 일이다. 세계적으로 훌륭한 인재를 키워낸 가문은 자녀 교육에 대한 열정과 헌신이 있었고, 그 가문의 부모는 성실하고 정직하게 살아가며 사회에 기여할 수 있는 사람으로 살고자 힘썼다.

이것 외에 자녀교육을 위해 필요한 다른 하나는 큰 꿈을 갖는 것이다. 부모의 큰 꿈은 보통 자식 대에 이루어진다. 골프 천재 타이거 우즈의 아버지 얼 우즈는 아들의 역할 모델이었다. 그는 평생 꿈을 어떻게 성취할까 궁리하면서 수많은 장애물과 편견, 옹고집 같은 고정관념을 극복하면서 살았지만 꿈을 이루지 못했다. 그러나 그는 일찍부터 인성 교육의 중요성을 인식하는 혜안이 있었다. 어느 날 그는 아들에게 말했다.

"불평은 사람을 부정적이고 우울하며 유치하게 만든다. 그리고 주변 사람들의 사기까지 떨어뜨리기 마련이니 마땅히 삼가야 한다. 하지만 친구 배낭에 재미있는 문구 붙이기, 웃어른에게 예고 없는 전화하기, 부모님 일손 덜어드리기, 노숙자 보호소 찾아가 시간 보내기, 입원 어린이들과 놀아주기 등은 실천하면 좋은 것들이다. 이는 네게 큰 기쁨을 줄 것이다."

그는 또한 라운드가 진행되는 동안 각종 여러 방법으로 방해를 하여 아들이 역경을 극복할 수 있도록 훈련시켰다. 우즈가 스윙할 때 갑자기 소리를 지르거나 시야를 막고 골프 공을 던지는 등 게임을 방해할 수 있는 모든 수단을 동원하였다. 그런 장난은 우즈를 괴롭혔고 종종 스윙이나 샷에도 상당한 영향을 미쳤다. 그러나 그런 날이 여러 번 거듭되면서 우즈는 아무렇지도 않은 듯 미소를 지으며 공을 멀리 칠 수 있었다. 그 덕분에 타이거 우즈는 경기 중에 누군가가 아무리 방해를 해도 신경 쓰지 않을 수 있게 단련되었다.

큰 인물을 배출하려면 '빨리 빨리' 문화를 고쳐야 한다. 다른 것도 그렇지만 성공이나 자녀교육에 있어서만은 빠름의 미학이 절대 통하지 않는다는 것을 명심하라. 큰 업적은 한 세대로는 부족하다. 오랜 세월의 파장에 의해 조금씩 영향을 쌓아 가는 것이기 때문이다. 말하자면 명문가란 짧게는 부모와 자녀 간에 길게는 3대 이상 노력하여 만든 부모와 자녀, 즉 세대 간의 합작품인 것이다.

   중국의 북경에 있는 나비의 날갯짓이 미국 뉴욕에서 태풍을 일으킬 수 있다는 나비효과 이론은 작은 행동이 수천 킬로미터 떨어진 곳까지 영향을 미친다는 사실을 의미한다. 하물며 한 지붕 밑에서 같이 생활하는 사람들의 생각은 더욱이 말을 하지 않아도 마음으로 전달되어 영향을 미치게 된다. 그래서 아이는 부모가 관심을 갖는 만큼 성장하며, 부모가 하루하루의 살아가는 모습에 영향을 받아 미래를 살게 되는 것이다.

PART 3

건강 비결

오늘의 습관은 내일을 비추는 거울

건강하게 오래 살고자 하는 마음은 동서고금을 막론하고 인간의 보편적인 소망일 것이다. 이 때문에 질병을 극복하려는 의학적 지식에서부터 작고 소박한 건강 상식에 이르기까지 헤아릴 수 없이 많은 건강법들이 생겨나게 되었다.

학설에 의하면 인간은 백스물다섯 살까지 살 수 있다. 그러나 우리나라 사람들의 평균수명이 여든 살을 넘지 못하고 백 살 이상의 장수 노인이 선진국에 비해 그 비율이 절대적으로 낮다. 이는 유전적인 요인보다는 후천적인 생활 습관이 잘못된 까닭이다. 이를테면 지나친 음주와 담배가 육체에 해를 끼치고, 건전하지 못한 정신이 식습관의 절제를 막아 평균수명도 채우지 못하게 하는 것이다.

그렇다면 건강·장수를 위해 어떻게 살아가야 하는가? 태어나서 성장하고 나이 들어 죽을 때까지 긍정적인 생각을 갖고 당신을 감싸고 있는 자연과 더불어 조화를 이루며 살면 된다. 그래야 몸 속에 좋은 기가 쌓이고 정신이 건전하게 됨으로써 건강을 얻을 수 있다.

건강이 좋지 않은 사람은 매사 부정적으로 생각하며 움직이는 것을 싫어하고 술, 담배, 커피 따위의 기호품을 가까이하는 등 나쁜 습관을 갖고 있다. 현재 몸이 아프다면 적게는 5년 많게는 10년 이상 나쁜 습관과 작은 요인이 쌓이고 쌓여 성인병이나 암으로 나타나게 된 것이다. 담배로 인한 폐암은 담배를 피기 시작한 지 20여 년이 경과해야만 발병한다. 이렇듯 암은 결코 하루아침에 발병하지 않는다고 전문가는 귀띔한다.

보통은 병에 걸리면 약 먹고 치료받으면 쉽게 나을 것이라 생각하지만 생활 습관까지 바꾸지 않으면 몸은 절대 좋아지지 않는다. 암 수술 후 완치 판정을 받은 사람들의 대부분은 수술 후 의사의 처방에 잘 따르며 그 동안의 나쁜 생활 습관을 고쳤기 때문에 가능했던 것이다.

좋은 생활 습관은 누구나 다 아는 평범한 것이지만 실천 여부에 따라 건강 상태가 달라진다. 따라서 당신은 자신이 좋은 습관을 얼마나 잘 실천하고 있는지 되새겨 볼 필요가 있다. 특히 식생활이 건강·장수와 밀접한 관계가 있음은 경험적으로 잘 알고 있을 것이다.

일반적으로 습관으로 만들어야 할 중요한 것 중 하나가 규칙적인 운동이다. 대개 예순 살 이후에는 근육이 약화되고 체력이 급격히 떨어지는데,

이때 운동이나 움직이는 활동을 하면 노화에 의한 신체 기능 저하를 막고 체력을 유지할 수 있다. 그러나 나이가 들어서 운동을 시작하기는 너무나 어렵다. 젊어서도 고치기 어려운 생활 습관을 수십 년 동안 반복한 후에 고친다는 것은 쉽지 않기 때문이다.

과거 하루하루의 생활이 쌓여서 오늘의 당신 모습을 만든 것이다. 따라서 우리가 한끼 한끼 먹는 식사를 라면 등의 인스턴트 식품으로 소홀히 한다든가 휴일에 늦게 일어나 아침 겸 점심을 먹는 등 불규칙한 생활을 하면 나이 들어 병에 시달리게 된다. 말하자면 젊었을 때의 생활 방식이 노년기의 건강 및 장수에 영향을 미치는 것이다. 이 같은 사실을 염두에 둔다면 당신의 건강 관리에 지금부터라도 신경 써야 한다.

젊음을 유지하고 장수하기 위한 특별한 비법이나 명약은 없다. 당신의 생활 습관을 되돌아보고 잘못되었다면 바른 생활 습관으로 고치는 것만이 건강한 삶을 살아가고 장수할 수 있는 유일한 길이다. 우리 몸은 적어도 5년 이상 정성 들여 가꾸어야만 비로소 좋아짐을 느낄 수 있다. 따라서 바른 생활 습관을 들이기 위하여 노력하는 당신만이 건강과 장수의 축복을 얻을 수 있다.

미친 세상에서 깨어나라

요즈음은 우리 주변에서 건강이 좋지 않은 사람들을 많이 볼 수 있다. 그들은 한결같이 좋지 않은 생활 습관에 젖어 산다. 이러한 습관을 고치면 몸이 좋아지는 것은 당연하지만 평소 생활 습관을 고치기란 무척 힘들다. 몇십 년 동안 즐겨 먹던 빵이나 과자류를 먹지 않는다고 생각해 보라. 처음 며칠은 참을 수 있지만 2,3개월 정도 지나면서부터는 일종의 금단 현상까지 올 정도로 괴로움을 견뎌내야 한다.

그러면 그 많은 습관을 어떻게 고쳐야 할까? 얼마 전만 해도 고혈압, 당뇨, 암과 같은 성인병은 존재하지도 않았다. 하지만 생활이 윤택해짐에 따라 먹는 것이 풍족해지고 사람들이 하는 일을 기계가 대신하다 보니 활동하는 기회가 적어지면서 이 같은 병이 발병한 것이다. 따라서 우리가 과거의 생활 습관을 영위하면, 즉 날이 밝으면 일어나고 어두워지면 잠자는 식의 최소한 자연에 순응하는 생활을 영위하면 병은 멀어진다. 처음부터 욕심을 갖고 시작하면 실패하기 쉽지만 한 번에 하나씩 고쳐나가면 가능하다.

무엇보다 습관을 바꾸려면 집중력이 필요하다. 햇빛이 돋보기를 통과하면서 빛 에너지가 집중되어 종이를 태울 수 있는 위력을 발휘하듯이 집중력은 습관을 고치는 데 큰 도움이 된다. 이때 주의해야 할 것은 한 번에 여러 개를 한꺼번에 고치려 하면 집중력이 떨어져 성공 확률도 크게 떨어진다는 사실이다. 따라서 한 번에 하나씩 고쳐 완전히 습관화가 된 다음에 다른 것을 고치도록 하라. 매일 실천하지 못한 것에 대하여 되짚어 보고 새롭게 다짐하면서 당신의 마음을 달래가며 실천해야 한다. 습관을 고치지 못한 상태에서 자신을 합리화시키다 보면 실패하게 된다. 하지만 설사 실패했다 해도 절대 포기하면 안 된다. 습관이란 반복적으로 실패를 겪지만 점차 그 횟수가 줄어들면서 고쳐지게 되는 것이다. 이때 그 한 가지 방법으로 고치려는 행위에 대한 글을 수첩·책상·거울 등 눈에 잘 띄는 곳에 써놓고 볼 때마다 제대로 실천하고 있는지 되새겨보면 효과는 더욱 커진다. 특히 운동선수들은 규칙적인 생활 습관이 절대적으로 필요하다. 우리나라 선수들을 보면 40대 선수를 찾아보기 힘든데, 이는 불규칙한 생활 습관 탓이 크다. 마라톤 선수가 감기 몸살로 중도에 포기하고, 골프 선수가 몸살로 출전을 포기하는 사례가 많은 것도 이러한 근거가 된다.

　세계 최고가 되고자 할 때에도 생활 습관이 미치는 영향은 매우 중요하다. 비록 한끼의 음식이라 해도 밥은 꼭꼭 씹고 반찬은 골고루 정성껏 먹으며 하루하루를 즐거운 마음으로 살아야 나이 들어서까지 오래도록 건강을 유지할 수 있기 때문이다. 그리고 어려서부터 몸 관리 또한 잘 해야 한다. 건강은 아무리 말해도 지나치지 않는다.

　다소 과장적이게 들릴 수도 있겠지만 많은 지식을 습득한 후에 한 분야의 전문가가 되듯 마찬가지로 우리 몸도 규칙적인 생활을 해야 습관으로 자리잡게 된다.

　나의 경험에 비추어 보면 규칙적인 생활을 한 지 5년 정도까지는 수많은 시행착오를 겪었다. 그 후 시간이 지나면서 서서히 몸에서 힘이 나는 것을 느끼기 시작하여 7년이 되자 가속도가 붙어 더 많은 힘이 솟는 것을 느낄 수 있었다.

　요컨대 10년이면 강산이 변한다는 말과 같이 적어도 10년 이상이 되어야 완전히 자신의 습관으로 자리잡을 수 있게 된다.

　몸이 건강하지 않다고 하기 이전에 당신의 생활 습관을 되돌아보고 잘못된 점을 고쳐라. 아무리 나이 들었다 하더라도 자신감도 생기고 삶의 패턴이 바뀜을 느낄 것이다. 요컨대 꿈을 가지고 그 꿈을 이루도록 삶에 충실하며 인내하면 성공의 꽃은 피어난다.

당신을 빛나게 할 새로움에 도전하라

대부분의 사람들이 돈과 명예를 삶의 최우선 가치로 여긴다. 오로지 돈과 명예를 얻기 위하여 밤낮 없이 일에 파묻혀 살고, 때로는 바쁘다는 핑계로 음식도 먹는 둥 마는 둥 대충대충 때운다. 그들의 머릿속은 돈으로 가득 차 있어서 건강은 안중에도 없다. 그렇게 세월이 흘러 경제적으로 어느 정도 안정이 되어 좋아라 했는데, 몸에 이상 신호가 나타난 듯하여 병원을 찾는다. 그 결과 큰 병이라는 진단을 받고 부랴부랴 좋다는 약을 찾아 먹어 보지만 몸 상태는 그리 호전되지 않는다. 사람들은 그제서야 후회를 하지만 때는 이미 늦은 것이나 다름없다.

건강은 건강할 때 지켜야 한다. 돈도 명예도 성공도 건강이 허락하지 않는다면 아무 소용이 없다. 살아가면서 가장 기본이 되는 것이 건강이다.

돈과 명예는 건강한 몸이 바탕이 된 후에야 생각할 수 있는 것이다.

전술한 바와 같이 대개 한 번쯤은 아파서 병원 신세를 진 적이 있을 것이다. 이때 보통 사람들은 앞으로는 몸에 신경 써야지 하고 다짐하지만 몸이 좋아지면 언제 그러한 생각을 했느냐는 식이 되고 만다. 말하자면 생활의 변화 없이 그 이전의 생활로 되돌아간다. 반면 성공한 사람은 항상 건강을 고려하며 생활을 한다. 건강이 뒷받침되어야 열심히 일할 수 있고, 자신의 꿈을 이룰 수 있다는 것을 알기 때문이다. 그래서 그들은 땀 흘려 운동하고 담배를 끊고 몸에 해롭다는 인스턴트 식품을 멀리하는 등 올바른 생활 습관을 가지려 노력한다.

요컨대 건강은 당신의 노력 여하에 달려 있다고 해도 과언이 아니다. 따라서 살아가면서 몸이 아프면 생활 습관이 잘못되었다는 것을 알고 당신의 삶을 되돌아보아야 한다.

일반적으로 건강을 타고난 사람들의 아이를 보면 긍정적인 사고, 운동, 소식, 근면 등의 좋은 습관을 갖고 있다. 반면 건강이 좋지 않은 아이는 그 부모의 생활 습관이 불규칙한 경우가 많다.

당신은 지금 무절제한 생활 태도로 아이에게 비만·아토피 등과 같은 병을 앓는 원인을 제공하고 있지는 않은가? 이러한 병은 흔히 불규칙한 생활 습관과 먹거리가 원인이 된다. 따라서 진정 아이를 사랑한다면 당신부터 올바르게 생활해야 한다.

나이든 어른의 건강 상태를 보면 과거에 어떻게 살아왔나를 짐작케 한다. 이를테면 병원 신세를 많이 지는 어른일수록 나쁜 습관에 젖어 있는 경우가 많다. 병이란 보통 젊었을 때부터 서서히 세포와 뼛속에 쌓인 나쁜 습관이 나이 들면서 나타나게 되는 것이다. 그러므로 늙어서 아프다는 것은 그 동안 본인이 건강하게 살아오지 못한 대가를 치르는 것이라 할 수 있다.

당신의 건강이 좋지 않으면 자신만 고생하는 것이 아니라 사랑하는 남편, 아내, 자녀에게 고통을 대물림하게 된다는 사실을 잊지 마라. 따라서 당신의 건강을 진단해 보고 좋지 않은 생활 습관은 당장 고칠 줄 아는 실천력을 갖고 새로움에 도전하라. 그러면 당신은 빛나게 될 것이다.

불가능은 노력하지 않는 자의 색안경이다

나는 젊었을 때 건강이 좋지 못했다. 그 이유를 분석해 보니 식생활과 불규칙한 생활이 가장 큰 문제였다. 먼저 식생활을 보면 과자, 빵, 라면 같은 밀가루 음식과 인스턴트 식품, 음료수를 즐겨 먹는 등 어떠한 음식이 건강에 좋지 않은지도 모른 채 39년을 살아왔다. 또한 생활을 뒤돌아보면 주말에는 늦은 밤까지 텔레비전을 시청하다 새벽녘에야 잠들고 늦게 일어났다. 그러면서 특별히 하는 일 없이 집에서 빈둥거리며 시간을 보냈다. 이러한 생활로 인해 겉모습은 모르겠지만, 속은 아프지 않은 곳이 없을 정도로 건강이 좋지 않았다.

그러다 1996년부터 책을 가까이 하면서 서서히 변화가 찾아왔다. 매일매일 독서를 하자 해가 거듭될수록 읽는 양도 늘고 잘못된 습관도 고치게 된 것이 그것이다. 이를테면 전술한 바와 같이 즐겨 먹던 라면 · 과자 · 빵 등 인스턴트 식품과 청량 음료 대신 신선한 채소와 과일 위주로 식단을 바꾼 것이다. 과자류와 같은 단 음식을 끊자 금단 현상이 일어나고 몸무게가 13킬로그램 정도 빠지면서 다른 사람들이 단 음식을 먹는 모습만 보아도 입안에 침이 가득 고이곤 하였다. 이러한 고통은 6개월 간이나 지속되었지만 결국 1년이 지나자 단 음식 생각이 나지 않게 되었다.

다음에는 물 먹는 습관을 고쳤다. 식사 전후 1시간 내에는 물을 마시지 않고 중간중간 7컵 정도 마시는 습관을 들이기 시작한 지 꼭 1년만에 고칠 수 있었다. 그런 다음에는 음식 꼭꼭 씹어 먹기, 대중 앞에서 프리젠테이션하기, 아침형 인간 되기, 텔레비전 시청하지 않기, 일기 쓰기, 웃는 얼굴하기, 긍정적인 사고하기, 운동하기, 음식 덜 먹기, 배려하고 베풀기 등을 습관으로 만드는 데 한 가지에 무려 1년여 이상의 시간이 소요되었다. 이때 주의해야 할 것은 반드시 한번에 하나씩 고쳐야 한다. 의욕과 욕심이 앞서 한번에 둘 이상 고치려 한다면 처음에는 긴장된 마음에 실천을 잘 하지만 시간이 지나갈수록 집중력이 떨어지고 처음에 먹었던 결심이 해이해져 포기하기 때문이다. 이는 꿩도 놓치고 매도 놓치는 것과 다를 게 없다. 따라서 잘못된 습관을 고치고자 마음먹고 실천할 때는 고치려 하는 것 중 한 가지만 당신의 눈에 잘 띄는 곳에 붙여놓고 눈에 보일 때마다 제대로 실천하고 있는지 되새겨보면 효과적으로 고쳐나갈 수 있다. 특히 잠자기 전이나 아침 일찍 일어나 그렇게 하면 한층 좋은 결과를 얻을 수 있다. 요컨대 하나의 습관을 완전히 고친 다음 또 다른 잘못된 습관을 고치면 된다. 두려운 것은 고유가, 고물가가 아니라 당신 자신이라는 것을 잊지 마라. 또한 오늘을 편하게 보내려는 게으름이 당신의 미래를 망친다는 것을 유념하고 올바른 습관과 꾸준한 노력으로 성공적인 미래를 열어가라. 전술한 바와 같이 나의 경우 하나의 잘못된 습관을 고치는 데 보통 1년에서 1년 6개월 정도 걸렸다.

하지만 그 이상의 시간을 필요로 하는 것도 있다. 다음의 두 가지가 그것인데, 하나는 호흡을 깊게 하는 것이고, 다른 하나는 꿈을 이루는 것이다. 이것을 이루려면 10년 이상의 시간이 필요하다.

아랫배로 깊은 호흡을 하면 나이가 들어도 건강하게 살 수 있다. 보통 성인이 되면 세포 기능도 저하되고 스트레스·과식 등 불규칙한 습관이 형성되어 호흡도 점점 얕아진다. 그러나 깊게 호흡하는 습관을 들여 평소에도 깊은 호흡을 하게 되면 몸에 필요한 산소를 구석구석까지 보내 건강을 유지할 수 있다.

그리고 작은 꿈은 10년, 큰 꿈은 20여 년 정도의 시간이 필요하다. 물론 2,3대를 건너 이루어지는 꿈도 있지만 당신이 10년 이상 간절히 원한다면 가야 할 길은 꿈속으로 찾아오기도 한다. 이에 관한 재미있는 이야기가 있다.

1960년대만 해도 우리나라 기술력으로는 정전 도료를 제대로 만들지 못하고 있었다. 전자업계에서는 초비상 사태였다. 냉장고의 출시를 앞두고 꿈에 부풀어 있었는데 정작 냉장고에 칠할 정전 도료를 개발하지 못했기 때문이다. LG전자에서도 냉장고를 출시하기 위해서는 정전 도료가 꼭 필요했다. 연구를 계속하였지만 특별한 방법을 찾지 못하고 있었다. 난관에 봉착한 회사는 뾰족한 수 없이 고민만 하는 상황에 빠져 있었다. 그때 건설화학공업 사장으로 있는 신경태 씨가 1996년 금성사[현재 LG전자]에서 처음으로 냉장고를 출시할 무렵에 꾸었던 꿈이 있는데, 그의 꿈을 따라가 보자.

그는 어떻게 하면 좋을까 하고 자나깨나 궁리하던 중 어느 날 깜빡 잠이 들었다. 그때 낯선 사람이 나타나 '연구소의 도서실에 가면 정전 도료 제조 비법이 적힌 책이 있다'고 알려주고는 사라졌다. 잠에서 깨어난 그는 반신반의하며 꿈에 나타나 일러준 대로 도서실로 달려갔다. 그리고는 여기저기 뒤지자 관련 자료를 발견할 수 있었다.

당신이 소망하는 꿈을 이루기까지도 오랜 시간이 걸린다. 단순히 꿈만 꾸는 것이 아니라 식사를 하듯이 매일 매일 꿈을 이루려고 노력해야 현실로 다가온다. 불가능이란 노력하지 않는 사람의 색안경과 같다. 따라서 이 안경을 벗고 꿈을 향해 달린다면 당신은 어떤 일이든 이룰 수 있다.

Epilogue

하루하루를 어떻게 살아가는 것이 건강에 좋은지는 알지만 이를 실천하는 사람은 드물다. 알고 있으면서 실천하지 못하는 것은 일상에 산재해 있고, 꿈을 꾸지만 그 꿈을 이루기 위해 노력하지 않는 사람 또한 수없이 많다. 이는 모든 것을 머리로만 생각하기 때문이기도 하고, 진정으로 신체와 정신 모두 건강한 삶을 살아가야 노후에 이르러 행복을 만끽할 수 있음을 알지 못하기 때문이다. 따라서 행복한 생활을 꿈꾼다면 지금부터 당신의 생활을 바꾸고자 노력해 보라. 그 방법은 아주 작은 것에서부터 시작된다.

 아침 일찍 일어나는 것이 그 첫 번째가 되며, 다음으로는 하루 세 끼 식사를 하듯 독서와 운동도 꾸준히 하고, 잠자기 전에는 반드시 오늘의 일과에 대해 반성을 해야 한다. 이것은 또 다른 시행착오를 반복하지 않게 되는 과정이다. 그런 다음에는 내일의 일을 계획하라. 누구나 어떤 일을 처음 시도할 때는 어색하고 실패도 잦지만 이 과정을 거치면서 조금씩 나아진다. 이렇듯 하루하루를 소중히 보내다 보면 몸과 마음이 건강해지는 것을 느낄 수 있다. 이러한 생활이 당장은 우둔해 보이고 손해를 입는 것 같지만 먼 훗날에는 큰 성공을 이룰 수 있는 지름길이 된다. 더 이상 머뭇거리지 말고 당장 시작해 보라.

살아가면서 그 때를 알 수 없지만 반드시 전성기를 맞게 된다. 이때 노력 없이 욕심만 지나치게 부린다면 전성기는 화살처럼 지나가고 노후는 고생만이 기다리고 있을 뿐이다. 하지만 모든 것을 순리대로 받아들이며 살아가면 행복을 오랫동안 만끽할 수 있으며, 건강한 노후도 보장받을 수 있다. 이는 우리 인생의 30퍼센트 이상인 주말만 잘 활용해도 충분히 가능하다. 이를테면 휴일에도 규칙적인 생활을 하면서 유익한 하루를 보내는 것으로 주말 시간을 생산적으로 활용한다면 노후 준비는 저절로 된다.

뿌리 깊은 나무는 바람에 흔들리지 않고, 샘이 깊은 물은 가뭄에 마르지 않는다는 옛 성현의 말과 같이, 한 가지 일에 지식을 깊이 쌓으면 자연히 습관화되어 오랫동안 자신의 것으로 간직할 수 있다. 이때 한 분야에서 강산이 두 번 변할 정도의 시간 동안 열심히 노력하면 반드시 성공하게 된다. 따라서 운이 없다고 불평불만을 늘어놓기 전에 당신 자신이 과연 삶의 과정을 진지하게 노력했는지 곰곰이 반추해 보아야 한다. 성공한 사람들은 지금에 이르기까지 부단한 노력으로 자신을 이끌어 왔음을 기억하라.

일정한 거리를 두고 바라보는 세상은 아름다워 보이듯이, 단지 성공한 사람들의 성공 결과만을 놓고 볼 때는 화려하게 보일 수 있다. 하지만 그들의 성공 이면에는 성공하기까지 겪어야 했던 수많은 고통과 좌절이 있었음을 기억해야 한다. 따라서 당신에게 꿈이 있다면, 꿈을 이루고자 한다면 한겨울 땅이 쩍 갈라지면서 피어나는 화사한 복수초를 닮아 보는 것은 어떨까.

성공의 약속

처음 박은 날 : 2009년 1월 10일
처음 펴낸 날 : 2009년 1월 20일

지은이 : 김평기
펴낸이 : 김영식
펴낸곳 : 도서출판 들꽃누리

서울시 광진구 자양2동 643-33 1층
전화 : (02)455-6365 · 팩스 (02)455-6366
등록 : 제1-2508호

ⓒ 김평기, 2009

E-mail : draba21@dreamwiz.com
www.nurira.com
ISBN 978-89-90286-33-8　　　　　　값은 표지에 있습니다.

이 책은 저작권법에 따라 한국 내에서 보호받는 저작물이므로
저자의 동의 없이는 이 책 내용의 무단 전재와 무단 복제를 금합니다.

*잘못 만들어진 책은 바꾸어 드립니다.